La clave del mayor
secreto del mundo

LAURO TREVISAN

La clave del mayor
secreto del mundo

EDICIONES OBELISCO

Si este libro le ha interesado y desea que le mantengamos informado
de nuestras publicaciones, escríbanos indicándonos qué temas son de su interés
(Astrología, Autoayuda, Ciencias Ocultas, Artes Marciales, Naturismo, Espiritualidad,
Tradición...) y gustosamente le complaceremos.

Puede consultar nuestro catálogo en www.edicionesobelisco.com.

Colección Nueva conciencia
LA CLAVE DEL MAYOR SECRETO DEL MUNDO
Lauro Trevisan

1.ª edición: octubre de 2011

Título original: *A Chave do maior segredo do mundo*

Traducción: *Almut Dengl*
Maquetación: *Marga Benavides*
Corrección: *Cristina Viñas*
Diseño de cubierta: *Enrique Iborra*

© 2008, Lauro Trevisan y Dinalivro
(Reservados todos los derechos)
© 2011, Ediciones Obelisco, S. L.
(Reservados los derechos para la presente edición)

Edita: Ediciones Obelisco, S. L.
Pere IV, 78 (Edif. Pedro IV) 3.ª planta, 5.ª puerta
08005 Barcelona - España
Tel. 93 309 85 25 - Fax 93 309 85 23
E-mail: info@edicionesobelisco.com

Paracas, 59 - Buenos Aires
C1275AFA República Argentina
Tel. (541 - 14) 305 06 33
Fax: (541 - 14) 304 78 20

ISBN: 978-84-9777-776-6
Depósito Legal: B-26.854-2011

Printed in Spain

Impreso en España en los talleres gráficos de Romanyà/Valls S. A.
Verdaguer, 1 - 08786 Capellades (Barcelona)

Introducción

Sucedió en Medio Oriente. Hace más o menos dos mil años. No se conoce la fecha exacta, pero tampoco tiene importancia, ya que eso no cambiaría nada. El sabio reunió a algunas personas de su confianza y reveló el secreto. Sin reservar los derechos de autor. Nadie lo tomó en serio. Por eso, los oyentes se fueron, los eruditos se rieron de su ingenuidad, los religiosos no le hicieron caso, los médicos cambiaron de tema y los antropólogos ni siquiera se detuvieron a pensar. ¿Y por qué habrían de escuchar las palabras de un personaje extraño y desconocido?

El sabio afirmó con un gesto: «¿Teniendo ojos no veis y teniendo oídos no oís? ¡No cambiaré ni una coma de lo que revelé!».

Y se fue.

Juro que así sucedió. El secreto quedó registrado; pero, a la vez, abandonado.

La rueda del tiempo giró. Pasaron años, y siglos, y otras afirmaciones de ese sabio fueron consideradas más importantes. Pero el secreto no medró.

Lo que digo es toda la verdad. Si no, apedreadme.

Sin embargo, me acaba de asaltar la duda: ¿Debo hacerlo público? ¿Realmente merece la pena? Si antes nadie se ha tomó la molestia de abrir el baúl de la historia para echarle una ojeada, ¿por qué alguien deberá o querrá hacerlo ahora?

Es evidente que no puedo permanecer en esa situación sin salida. Abordé el asunto y tengo que concluirlo.

Incluso aunque destroces este libro, dudes, y me acuses de ser un charlatán, te contaré el secreto del sabio. Y te diré, con todas las letras, que Él trajo una magnífica verdad al mundo. Y aún más: nos enseñó el camino para todo y algo más. Nos dio la clave asegurándonos: «¡Se os abrirá!».

—¿Para todo y algo más?

—¡Imposible! Sólo puede ser fruto del delirio –murmuraban por las esquinas.

Nadie prestó atención a lo que dijo. Hasta los seguidores más fieles pasaron por alto esa revelación, mientras prestaban atención al resto de los temas que Él había abordado.

Hay algo que no se puede negar. Él reveló el secreto al mundo. Y la revelación se sigue dando sobre toda la faz de la tierra, aunque pocos le concedan importancia.

Una vez más, se confirma la vieja verdad: sólo cuando los discípulos están preparados, el maestro aparece.

En estas páginas, sin embargo, me he propuesto recuperar la verdad más maravillosa y revolucionaria de este planeta y de todos los tiempos.

—¡Qué gran pretensión! –dirá el lector.

—La pretensión no es mía, es del sabio. Yo sólo te entrego la clave del mayor secreto del mundo.

Es lo que haré ahora.

Acompáñame, por favor.

PRIMERA PARTE

1

Antes de contar el secreto

Según la parábola del Génesis, el mundo nació de la palabra. Al principio Dios dijo: «Haya luz. Y hubo luz». Primero, la palabra; después, el hecho.

Yahvé quedó deslumbrado por la maravilla de su creación y quiso ampliarla y perfeccionarla a lo largo del tiempo. Para ello, creó seres de su propia especie, con la sabiduría y el poder de continuar el acto de la creación. Así hizo el sexto día de la creación y mandó que esos seres humano-divinos

> *«presidieran la obra*
> *de la creación*
> *y dominasen*
> *en toda la tierra».*

Este ser humano eres tú, creado por Dios con la finalidad de ser feliz y de volver el mundo más agradable y más perfecto.

Tal vez pienses que eres un simple descendiente de tus padres. Pero ¿quién creó a tus padres, a tus abuelos, a tus bisabuelos y tatarabuelos y a toda la línea de sucesión hasta llegar al último eslabón? Nada surge de la nada. En última instancia, tu origen es Dios. En Él reside tu genética. Fue Él quien te modeló y quiso que existieras en este momento de la historia humana y en esta parte del paraíso. Nada sucede por casualidad. Brinda por el Creador y dale las gracias.

❧

Como hijo de Dios, tú tienes la sabiduría y el poder de Dios. Y la libertad para usar este poder. Sin duda, ésa fue una decisión arriesgada por parte del Creador, porque el hombre, dotado de poder, sabiduría y libertad, quedó libre, tanto para destruir como para mejorar la vida y el mundo.

Las dos posibilidades se volvieron realidad: usó el poder y la libertad para deshacer el orden del universo y desestabilizar la armonía de la vida y, al mismo tiempo, supo servirse de ese don creador para ampliar muchos aspectos de la vida humana. Esta doble vía trajo mucha alegría, felicidad, paz, amor, bondad, generosidad y progreso, pero también tuvo como consecuencia sufrimiento, enfermedades, violencia, miseria, abandono y desgracias.

Tiempos oscuros

A lo largo de los siglos, el hombre se ha ido olvidando de sus orígenes y, con eso, ha perdido su identidad, definiéndose cada vez más por los eventos de la vida que por su verdadera realidad. Identificada con los acontecimientos, la criatura humana acabó por confundirlo todo, hasta el punto de creer que su destino era soportar la infelicidad e intentar disfrutar los escasos momentos de bienestar.

En un momento, habla de felicidad, fe, alegría, paz, armonía y amor, y, al momento siguiente, profiere palabras de dolor, angustia, rebeldía, odio y bajeza.

El orden se alteró y la desarmonía transformó el paraíso en un sueño quimérico.

El lazo entre la divinidad y el barro, entre Dios y el hombre, se fue perdiendo cada vez más.

Sin embargo, hoy hay preguntas que no se pueden silenciar:

¿Quién soy?
¿De dónde vengo?
¿Qué hago aquí?
Si Dios es amor, ¿por qué existe el sufrimiento?
¿La vida tiene un sentido?
¿Por qué se me permite crear deseos, si no puedo realizarlos?

Pocos sabios se dieron cuenta de que había una relación directa entre las creencias de la humanidad y los acontecimientos reales en todo el globo terrestre.

El común de los mortales, perdido como una oveja extraviada, piensa que todo es una cuestión de suerte, azar, sorpresas, casualidades, castigos y recompensas. La mayoría de las personas cree que es imposible controlar lo incontrolable. Y así, prospera la idea de que la vida huye de la esfera humana para depender sólo de divinidades invisibles o del caos insuperable.

Me he detenido a especular sobre todas estas cosas para llegar ahora al *quid* de la cuestión. Vayamos a lo esencial.
Advierte bien lo que sigue.

2

La clave del secreto

En medio de la confusión
en que se encuentra la humanidad,
han existido sabios e iluminados
que descubrieron
el poder y el efecto de la palabra.
Relacionaron la palabra con la vida.
Observaron que la palabra
era la causa de la vida
y de sus efectos.
Descubrieron el más importante
de todos los secretos,
escondido en el corazón del propio ser humano:
la palabra genera el destino humano.
Ironía de la suerte: después
de búsquedas milenarias de la alquimia creadora,
acabaron por encontrarla
en el interior del ser humano.
De todos los seres humanos.

—*¿Cuál era el secreto?*

—*La palabra.*

Hasta aquí la palabra no era más que una simple corteza del árbol de la vida. Un simple medio de comunicación. No más que el rugido del animal evolucionado. Un hábito simiesco perfeccionado.

El libro *El secreto* habla de la Ley de la Atracción, descubierta por sabios del pasado para el uso propio y custodiada con siete llaves a fin de mantener a la humanidad subyugada.

Ahora bien, sucede que la ley de la atracción, tal como la ley de la fe y todas las demás leyes que rigen la vida humana, contiene un pequeño secreto, que es el que le da la fuerza y la capacidad creadora. Ésta es la clave del secreto, porque desencadena la acción, la explosión y la materialización.

Se denomina *palabra unívoca*.

La palabra unívoca es la fórmula, el detonante y la acción creadora.

Sin la palabra unívoca no existe ley, ni poder, ni creación, ni acción, ni, mucho menos, realización.

La palabra auténtica, unívoca, es la esencia de la ley, la sustancia de la fe, el hilo conductor de la trayectoria existencial y de todos los actos humanos, la energía del poder, el lazo que diviniza el ser humano.

La palabra es el secreto.

No obstante, no es la corteza de la palabra la que contiene el secreto, sino su sustancia. Éste es el pormenor oculto: la clave del secreto es la sustancia de la palabra.

La mayoría de la gente usa la palabra sólo como medio de comunicación, muchas veces con doble sentido o con una intención subyacente.

La palabra sólo tiene poder cuando es sustanciosa, cuando en ella coinciden la forma y el contenido.

La revelación del secreto

La revelación pública del secreto tuvo lugar a través del sabio más grande que jamás pisó este planeta: Jesucristo. A partir de Jesús, el secreto dejó de serlo. Él lo abrió para toda la humanidad, y su publicación quedó registrada claramente, con todas las letras, en los evangelios. Los biógrafos Mateo, Marcos, Lucas y Juan divulgaron el secreto.

Desafortunadamente, la humanidad no lo creyó, lo rechazó y echó piedras sobre el asunto. Ahora, sin embargo, sale de nuevo a la luz debido al inusitado interés de millones de personas.

El Maestro fue extremadamente audaz al revelar el secreto, llegando a afirmar:

El que cree
en la realización de su palabra,
dirá a este monte: «trasládate de aquí al mar»,
y se trasladará.

«El que cree en la realización de su palabra», es decir, el que llega a la esencia de la palabra. Ésa es la clave.

La palabra en la que uno cree –enseñó el rabí de Galilea– mueve montañas, cura enfermedades, obra milagros, alcanza todo y vuelve posible lo imposible.

En una ocasión, el Maestro dijo:

> *Quien tiene fe hará también las obras*
> *que yo hago y las hará todavía mayores.*

Fe, tal como la entiende el Nazareno, es

> *creer firmemente*
> *en la realización de la palabra.*

La palabra es el gran secreto de la vida. Y la clave del secreto es la univocidad de la palabra.

Sólo existe una palabra clave

Es preciso notar que hay palabras y palabras. Pero sólo existe una palabra poderosa.

Se ha dicho que sólo ofrece resultados infalibles la palabra legítima, verdadera, auténtica, unívoca, pura y sustanciosa, esto es, la palabra en la que forma y contenido sean una misma cosa.

Muchos piden, pero pocos consiguen. El error reside en el uso que se hace de la palabra. Existen el oro y la purpurina. Ésta imita al oro, pero no es oro. Existe la palabra falsificada: ésta se limita a emular a la verdadera palabra.

¿Cuál es la falsa palabra? ¿Cuál es la purpurina?

Es la palabra que no coincide con el contenido de quien la usa. Si utilizas la palabra de curación, pero crees en la enfermedad, la palabra de curación es falsa, su contenido es otro. Si hablas de perdón y piensas en venganza, *perdón* es aquí una palabra sin hueso. Las termitas del odio se la comieron. Si visualizas una casa, pero crees que sólo obtendrás una cabaña, la palabra *casa* aquí se ve privada de su verdadero sentido. Estás mintiendo. El continente no tiene nada que ver con el contenido.

Cualquier palabra que implique duda, vacilación, miedo, desinterés, falta de fe, disimulo, desánimo y duplicidad es corteza de otro árbol. No tiene vida.

La palabra hueca no es la palabra legítima.

Cuando dices una cosa y piensas otra, tu palabra es falsa.

La clave del mayor secreto del mundo es la palabra verdadera. Esta palabra es creadora y capaz de curar. Obra milagros y lo consigue todo.

Repito aquí lo que Jesús dijo para que la palabra fuera todopoderosa: es preciso creer firmemente en su realización.

Es todo muy sencillo. Pero ¿quién guarda esa clave?

¿Crees en lo que dices? ¿Crees en las oraciones? ¿Crees en tus peticiones? ¿Crees en tus deseos? ¿Crees en el milagro?

Piensa en ello.

Si tu mente se atormenta por la incertidumbre y la falta de fe, lee lo que sigue, porque es de gran importancia.

El origen del secreto

Tal vez, el mayor argumento para refrendar el poder absoluto y total de la palabra esté en los escritos de Juan, el más joven de los apóstoles de Jesús, que lo acompañó en todo el camino.

Juan empieza su evangelio con la extraordinaria declaración de que la palabra es Dios:

> **«En el principio era el Verbo**
> **y el Verbo estaba con Dios,**
> **y el Verbo era Dios.**
> **Él estaba en el principio en Dios.**
> **Por Él fueron hechas todas las cosas;**
> **y sin Él no se ha hecho cosa alguna**
> **de cuantas han sido hechas.**
> **En Él estaba la vida,**
> **y la vida era la luz de los hombres,**
> **y esta luz resplandece en las tinieblas,**
> **y las tinieblas no la acogieron».**

(Juan 1, 1-5)

«En el principio era el Verbo»
Primero el Verbo, la palabra, después la Creación.

Dios es su palabra: unidad intrínseca, perfecta e inseparable.

¡Qué revelación tan maravillosa!

Dios es el poder creador máximo, total y absoluto.

A través de su palabra, Él ejerce la acción creadora. De la palabra nacieron el mundo, la vida y el ser humano.

«Y el Verbo estaba con Dios».

La palabra es el ejercicio del poder y el poder es Dios. En Dios, el poder es la palabra.

«Y el Verbo era Dios».

Dios y su manifestación son unívocos, de tal manera que se puede considerar la palabra un sinónimo de Dios.

Palabra-Dios, Dios-Palabra.

«Él estaba en el principio en Dios».

Nunca hubo separación o distanciamiento entre Dios y su palabra.

Y, por tanto, desde el comienzo fue así:

«Por Él fueron hechas todas las cosas; y sin Él no se ha hecho cosa alguna de cuantas han sido hechas».

Juan insiste en la idea de que todo lo que existe es el resultado de la palabra.

«En Él estaba la vida».

Aquí Juan expresa la verdad de que la palabra es vida, que contiene vida y crea vida. Es la siembra de la vida.

«Y la vida era la luz de los hombres».

La vida es la luz del ser humano, que se manifiesta a través de la palabra.

La palabra es la vida y la vida es Dios. Tolstoi dijo: «La vida es Dios y amar la vida es amar a Dios».

La voz divina –la palabra– es la luz de los hombres y esta luz es vida. Es Dios en el ser humano manifestándose a través de la palabra humana.

Jesús nos aconsejó a pronunciar la palabra en la oración entrando en nuestro interior y orando al Padre, que está allí.

Así, el Padre oiría nuestra palabra para atendernos.

Tú, la palabra y Dios.

Y dijo el evangelista Juan:

«Y esta luz resplandece en las tinieblas».

Las tinieblas a las que se refería Juan representan la ignorancia del hombre con respecto a sí mismo y su dimensión. El filósofo Sócrates insistía: «Conócete a ti mismo».

Hundido como estaba en conflictos, miserias y sufrimientos, el hombre vivía en la oscuridad de su inframundo, sin saber que la luz estaba en su propio interior. Jamás llegó a comprender que en él existían la divinidad, la sabiduría y el poder que se manifestaban precisamente a través de la palabra. Usaba la palabra sólo para dar vueltas a lo que tenía, hacía y sentía. Su palabra contenía el sustrato de la frustración, la impotencia, la ansiedad, el sueño quimérico, las limitaciones y la dependencia. Como resultado, la vida era una jornada difícil, aleatoria y penosa. Más de una religión sigue con esa creencia y predica la resignación.

Jesús proclamó con todas las fuerzas de su bondad:

«Pedid y recibiréis, buscad y encontraréis, llamad y se os abrirá, porque quien pide recibe, quien busca encuentra, y a quien llama se le abre».

¿Hace falta ser más claro?

Sus palabras siguen sonando con claridad por campos y bosques, desiertos y valles, llanuras y montañas, pero ¿quién se toma la molestia de analizar el contenido de esa revelación? Nadie tiene tiempo, pues grande es la prisa que tienen para correr detrás de los clarines del mundo. Beben agua estancada y se quejan de la contaminación, pero no levantan la mirada para ver la fuente de aguas cristalinas que tienen delante.

«Y las tinieblas no la acogieron».

Todavía hoy, después de milenios, la gente «tiene ojos y no ve, tiene oídos y no oye».

¿Te has despertado? ¿Has conseguido pasar a la otra orilla? ¿Crees que la vida sigue el rumbo de tus palabras en el día a día?

3

Quién fue y quién es Jesús

Tal vez hayas tenido contacto con el pensamiento y las obras de los grandes maestros que tanto nos enseñaron sobre la existencia de fuerzas interiores en cada ser humano.

Aquí, quiero hablarte sobre el Maestro, cuya sabiduría y poder trascienden todo lo que la humanidad descubrió. Vale la pena escucharlo, porque Él tenía conocimiento de todas las cosas y fue el que mejor enseñó el camino del amor, la salud, la paz, la felicidad y el bienestar.

A través de las enseñanzas del Maestro uno encuentra los medios adecuados para resolver los problemas de la vida y alcanzar sus objetivos. Él reveló el secreto y nos entregó la clave.

El Maestro del que hablo es Jesús.

¿Quién es y quién era Jesús?

¿Qué te enseñaron sobre Él?

¿Qué idea tienes del rabí de Galilea y de su mensaje?

¿Qué sensación despierta en tu interior oír el nombre de Jesús?

Es necesario que lo introduzca de esta manera, porque, sin conocer el peso de su sabiduría, de su origen, la idea que se ha tenido de Él durante milenios y los millones de libros que fueron escritos sobre su mensaje, tal vez no te sientas motivado para dedicar tu tiempo de lectura a descubrir lo que Él reveló y, mucho menos, a darle crédito.

Cuando los estudiosos oyen hablar de una nueva idea, preguntan inmediatamente: «¿Quién lo dijo?». A menudo tenemos la impresión de que la verdad no es verdad por ser verdad, sino por la autoridad de quién la enunció. Repetí la palabra a propósito.

Me gustaría que en este momento te olvidaras, al menos durante media hora, de todo lo que aprendiste sobre Jesús. Borra la imagen que tienes de Él y confróntala después con la que a continuación te daré.

El redescubrimiento de Jesús

Antes de nada, piensa en Jesús como en un ser extraño a este planeta, que viene de una dimensión desconocida y es portador de una sabiduría y un poder jamás vistos. Llegó con la misión de salvar a la humanidad, llamándose a sí mismo el Camino, la Verdad y la Vida.

Según Él, la salvación radicaba en una única palabra: *amor*.

La humanidad insistía en querer eliminar los males, la violencia, la injusticia, el desamor y la prepotencia a través de guerras, mientras que Él señalaba el camino opuesto.

Han pasado ya dos mil años y los soberanos siguen forjando guerras y ataques mortíferos con la pretensión de imponer la paz, la armonía y la fraternidad. Y sigue sin dar resultado.

Él prosigue, diciendo que el camino es el amor.

No vino para predicar contra el mal, sino a favor del bien. Nunca concedió poder al mal; sin embargo, hoy en día, se confronta el mal, como si fuera un poder mayor que hay que combatir con todos los medios posibles. Y con todas las fuerzas del alma.

El poder más grande es el amor.

El amor es luz.

El mal es oscuridad.

Hágase la luz para que desaparezca la oscuridad. Éste es el camino.

Puede que estés pasando por situaciones de odio, de desencuentros, de desentendimientos o de discordias. Quién sabe…, hasta tu matrimonio puede estar en crisis y estar cargado de penas.

Puede que la relación con tu pareja o con tus hijos esté atravesando un momento doloroso.

Jesús vino a enseñarnos la solución. Y la solución es el amor. Él fue el maestro del amor: «Sólo una cosa es necesaria en el mundo: el amor».

El amor es la solución para todo.

Es la energía más potente del universo.

Es la fuerza todopoderosa de la vida.

Es el sentimiento más humano y más divino.

Es la acogida del corazón.

Es la luz que ahuyenta las tinieblas.

Es el perdón de todas las injusticias.

Es la esencia que origina el afecto, el cariño, la ternura, la bondad, la generosidad, la felicidad y el reino de Dios.

Odio *versus* Amor

Muchos creen que el odio es la gran fuerza arrasadora. Sin embargo, el amor no sólo lo vence, sino que acaba también con los demás males.

El gran sabio Salomón decía: «El amor borra todas las transgresiones».

El odio es una fuerza inferior, pesada, que arrastra hacia abajo.

El amor es la fuerza superior que empuja hacia arriba.

Una gran parte de la gente quiere vencer el odio a través del odio. Creen poder superar un odio más pequeño, al oponerle la fuerza de uno más grande. No funciona. El odio es la desgracia y la enfermedad.

Si tu esposa, tu marido, tu suegra, tu hijo, tu socio o tu vecino te traen problemas serios, la tendencia es reprenderlos severamente con palabras agresivas, para superar ese momento de una vez por todas. Pero el resultado será desolador: aumentará el abismo entre ambas partes.

Haz como el Maestro nos enseñó: resuélvelo por la vía del amor; usa palabras gentiles y verás cómo el poder de la palabra obra el milagro de la transformación.

No existe ninguna fuerza más atractiva en el universo que la fuerza del amor.

La palabra afectuosa activa el amor y desencadena la energía feliz de la ternura.

Procura siempre medir todas las cosas con la medida del amor.

Busca para todo la solución del amor.

Verás, en esta fuerza, un poder que nunca habías imaginado.

Una de las grandes aberraciones del mundo de hoy es pretender alcanzar la paz, la fraternidad y la justicia entre los pueblos a través de la guerra, las armas nucleares, la tiranía, el bloqueo comercial, el hambre y la miseria.

Y no hay delirio más grande que cometer matanzas, asesinatos y atentados en el nombre de Dios. Cuando las religiones, cuya esencia es Dios –y Dios es amor– caen en el descalabro de generar hombres-bomba, con la promesa de una recompensa celestial por el acto suicida y fraticida, es necesario parar la rueda del mundo y ver lo que está pasando.

Hay, en el mundo de hoy, una epidemia funesta: la búsqueda del poder a cualquier precio, incluso pisoteando la libertad, masacrando las conciencias, cometiendo fratricidios y robando la honra y el dinero de conciudadanos. Los responsables de eso caerán, irremediablemente, en la tumba de los grandes pecadores.

Y no se puede dejar de lamentar la violencia impasible que priva de valor a la vida humana.

¿Qué causó que los hombres se volvieran animales feroces, como si fueran lobos que se devoran entre sí? La ignorancia.

¡No se dieron cuenta de que la solución apuntaba hacia el camino inverso!

Y Cristo vino para avisarnos de que sólo existe un camino: el del amor.

No sirve de nada crear nuevas armas sofisticadas, nuevas formas terribles de destrucción o sufrimientos insoportables. Sólo el amor puede cambiar la faz de la tierra. Quien viva, lo verá.

Pon ahora el foco sobre ti mismo. ¿No albergarás también algún resentimiento insuperable en tu corazón? ¿Y esa pena que corroe tu alma, enfermándola poco a poco? ¿Te acuerdas de aquella persona que no soportas? ¿Y dónde está el amor, cuando reprendes a alguien? ¿Y cuando engañas a tu prójimo? ¿Y tu brutalidad contra los animales?

Sin amor, tu vida se vuelve un desierto árido.

No querrás llevar agua en un cedazo: amar es la única salida.

La paz cura la mente y armoniza el cuerpo

Paz es la palabra que contiene la sustancia que hace la armonía del todo.

Paz es la serenidad del mar, el equilibrio de las ondas cerebrales, el corazón soleado en una tarde amena, el espíritu flotando sobre la vida, el encanto de la naturaleza, la brisa del verano y el rocío de la primavera.

Paz es el vestíbulo de la felicidad.

Paz es la salud, el antídoto contra el estrés, las depresiones, la ansiedad, el miedo y los complejos de inferioridad.

La paz es hermana de la calma.

Dijo el Nazareno: «Bienaventurados los mansos; porque ellos recibirán la tierra por heredad».

La paz es la cumbre de la calma y, consecuentemente, tiene el don de generar prosperidad, buenas relaciones y negocios lucrativos.

La paz es el estado en que nos sentimos bien. Es la salud mental que genera la salud física.

Una persona en paz tiene siempre palabras positivas y benéficas.

En sus recorridos por las regiones de Palestina, Jesús veía que la gente sufría de la falta de paz: andaban preocupados, agitados, irascibles, impacientes, severos y cargados.

Levantó los brazos afectuosamente y los invitó: «¡Venid a mí, todos los que andáis agobiados y cargados, y yo os aliviaré!».

Hizo de la paz su saludo oficial: «¡Que la paz sea contigo!».

Tú, que pareces estar caminando sobre brasas, inquieto, sufriendo de insomnio e irritaciones, acuérdate de que la palabra *paz* tiene el poder de calmar el ánimo y darte alegría de vivir.

Repite mentalmente:

«A partir de ahora estoy en paz.
La paz habita en mí.
Mi corazón
es un lago sereno de paz».

Acabas de dar un paso importante en dirección a la salud total.

Olvídate de las perturbaciones del pasado y di para ti mismo: «Ahora estoy en paz».

Lo que Él nos enseñó acerca de la felicidad

Jesús nos reveló: «El reino de los cielos está dentro de vosotros mismos».

El reino interior de los cielos es un estado de alegría, un estado celestial y paradisíaco. Es un estado cósmico. Es un sinónimo de felicidad. Éste es el estado más elevado y, a través de él, el ser humano está en comunión energética con todos los seres del universo y con el Infinito. Así, el hombre ya no es un marginado cósmico, un alienado de sí mismo, un hijo pródigo de Dios, sino más bien un ser que vive en una dimensión suprema. Esta dimensión significa salud física, mental, emocional y espiritual. Además, significa también poder, sabiduría y la capacidad de autodeterminación y autorrealización.

¿Cómo se alcanza ese nivel humano-divino? Siendo feliz. Viviendo el reino interior de los cielos.

No seas de esos que niegan la posibilidad y la existencia de la felicidad. Esos arrugan la nariz y proclaman malhumorados que la felicidad no existe, que es una quimera, un tema para gente alienada.

La felicidad existe, es la esencia humana, está en el ADN de todos los ciudadanos del mundo. Ser feliz es sencillo. Los que cualifican la felicidad como delirio humano irrealizable lo hacen porque la buscan donde no se encuentra. Son como aquel hombre que intentaba encontrar un gato negro en un cuarto oscuro, aun cuando el gato no estuviera allí.

¿Quieres saber qué es la felicidad y por qué es tan fácil ser feliz?

Después de leer sobre lo que otros dijeron al respecto de la felicidad, después de analizar el proceso por el que pasaron los académicos y científicos que intentaron explicarla, encontré la definición legítima e irrefutable:

«Ser feliz es sentirse bien
con uno mismo,
con la humanidad,
con el universo
y con Dios».

Ya desarrollé sobradamente ese tema en libros anteriores; por eso, aquí, me abstengo de volver a examinar ese asunto.

La enfermedad es la ruptura de esa armonía, no por ser enfermedad, sino porque tiene su causa en un proceso de desintegración.

Ejercita el poder de tu palabra para crear, para curar y para determinar tu estado interior del reino de los cielos.

Empieza a purificar la mente. Deshazte de las creencias negativas que dan valor a la enfermedad, la renuncia, el sacrificio, la pequeñez, la incapacidad, el fatalismo, la resignación y la penitencia. Con estas creencias, te quedarás atado a tus miserias. ¿Cómo puedes querer la curación si valorizas tanto el sufrimiento? ¿Cómo pedirás salud a Dios, creyendo que Él se complace con tu enfermedad? El mundo que te creas en la mente es el mundo que se materializa. Es la ley de causa y efecto.

Ante todo, elimina las contradicciones internas. Reconoce que en Dios sólo existe el bien, el amor, la perfección, la felicidad, la armonía y el placer. Sumerge tu mente en esa realidad y déjate inundar por esa energía maravillosa, llena de poder y de capacidades de curación.

Repite para ti mismo, hasta que tu subconsciente quede impregnado con esa verdad: «¡Soy feliz, soy feliz, soy feliz, soy muy feliz!».

Jesús es el guía

Dijo el Nazareno: «Yo soy el camino, la verdad y la vida».

Si Él habló de sí mismo como camino, síguele y llegarás al destino soñado.

Si Él habló de sí mismo como la luz, sigue esa luz y ella iluminará tu trayecto.

Si no sabes cuál es el camino, llama a tu Guía.

Él es tu Guía.

—Uno solo es tu guía –dijo Jesús–. El Cristo.

Si andas desorientado y sin rumbo, invoca este Guía.

Si estás perdido, desesperado y no sabes qué hacer o cómo solucionar una situación dramática, Él está ahí a la espera.

Convierte a Jesús en tu GUÍA, tu consejero.

¿Tienes un negocio pendiente? Conversa con tu Guía.

¿Quieres saber si debes casarte con una persona determinada o no?

Pide la respuesta a tu Guía.

¿Quieres saber cómo te curarás de tu enfermedad? Invoca a tu Guía, que fue quien más curaciones efectuó en el planeta.

Al recorrer las calles de este inmenso Brasil, veo escritas en algunas rocas y piedras las siguientes frases: «Jesús es el Guía»; «Jesús es el Camino»; «Jesús es la Solución».

Escribe en tu mente: «Jesús es mi Guía».

Reserva un lugar maravilloso y acogedor para tu Guía, ahí en un rincón de tu corazón, y conversa con Él siempre que necesites orientación.

¿Tienes que hacer un viaje? Di a tu Guía: «¡Ven conmigo, condúceme!».

¿Tienes que afrontar algún peligro? Pide a tu Guía: «¡Acompáñame, por favor!».

¿Estás corriendo algún riesgo? Pide a tu Guía: «¡Dame tu protección!».

No tengas miedo de nada porque Jesús es tu Guía.

Jesús es tu poder

El rabí dijo que, con Él, tú lo puedes todo.

Él es el Poder.

¿Estás pasando por dificultades? Él es el Poder que hace brotar la abundancia y la prosperidad.

¿Estás luchando con problemas? Él es tu Poder.

¿Estás hundido en deudas? Él es el Poder que todo lo resuelve.

¿Sufres de alguna enfermedad? Él es el Poder curativo.

**«Si algo pidiereis
al Padre
en mi nombre,
os lo concederá».**

Aprovecha este momento bendecido para pedir salud, y ten la seguridad de que así es y así será.

Tu palabra es tu poder.

Cambia tu vida

Ahora sí, dormirás feliz, y te despertarás más feliz aún; pasarás el día con la mente elevada y llena de vibraciones positivas, porque puedes contar con alguien que es tu Maestro, tu Fuerza, tu Luz, tu Camino, tu Guía y tu Poder.

¿Estás preocupado? Él te dará orientación.

¿Has entrado en un túnel oscuro? La Luz iluminará la salida.

¿Estás enfermo? El Poder de curar regenerará el órgano.

Ahora tu vida será diferente.

Para que esto realmente suceda, cierra los ojos, relájate profundamente, calma la mente, haz una plegaria de paz interior y desciende al fondo de tu ser, donde contemplarás la presencia amiga, bondadosa, sabia y poderosa de Jesús. Ya has visto bastantes representaciones de Jesús en las iglesias, en libros, cuadros y películas. Fija la imagen que más te gustó y da vida a ese Jesús en tu mente, transformándolo en tu Maestro, en tu Guía y en tu Poder. Y conversa con Él sobre tu situación. Escucha su palabra.

4

Jesús afirmó el poder de la palabra

Cuando el Nazareno enseñó la Ley del Pedid y Recibiréis, estaba diciendo que la palabra, en forma de petición, obtiene la respuesta del Altísimo.

> **«Todo lo que orando pidiereis,**
> **creed que lo recibiréis,**
> **y os vendrá».**

Para las personas que luchan e intentan alcanzar sus objetivos y sus curaciones por medio de las mismas fuerzas naturales, el Maestro sugirió:

> **«Hasta ahora**
> **nada le habéis pedido**
> **en mi nombre:**
> **pedidle y recibiréis,**
> **para que vuestro gozo sea completo».**
>
> **(Juan 16, 24)**

Y al entrar en Carfarnaún, le salió al encuentro un centurión, y le rogaba, diciendo: «Señor, un criado mío está postrado en mi casa paralítico, y padece muchísimo».

Jesús le respondió: «Yo iré y le curaré». Y le replicó el centurión:

«Señor, yo no soy digno
de que entres en mi casa;
mas solamente di la palabra,
y mi criado sanará».

(Mateo 8, 5-8)

Estas palabras expresan la fe que tenía el centurión en el poder de la palabra de Jesús: «Mas solamente di la palabra».

Realmente, Jesús, curó al criado de ese militar romano por medio de la palabra, diciendo al centurión: «Ve y sucédate conforme has creído».

El Maestro realizaba todas las curaciones de enfermedades mentales a través del poder de la palabra. El evangelista Mateo escribió sobre Jesús:

«Venida la tarde, le trajeron
muchos endemoniados,
y con su palabra echaba los espíritus
y curaba a todos los enfermos».

(Mateo 8, 16)

La palabra es el medio a través del cual expresas el poder divino dentro de ti.

No hay nada más grande que la fuerza de la palabra. Ella mueve montañas, cura enfermedades, obra milagros, todo lo alcanza, y hace posible lo imposible.

Ninguna enfermedad resiste a la palabra motivada por la fe y a su poder de crear y de curar.

Un día, el Nazareno se embarcó y fue a la otra orilla del mar de Galilea. Entró en una casa donde le presentaron a un paralítico en un lecho. Jesús le dijo: «**Levántate, toma tu lecho y anda**». Y levantóse y fuese a su casa. (Mateo 8, 1-8).

También ese paralítico fue curado por medio de la palabra de Jesús:

«Levántate, toma tu lecho y anda».

Y le presentaron a un sordomudo, suplicándole que pusiese sobre él su mano. Apartándose de la muchedumbre, le metió los dedos en los oídos, y con saliva le tocó la lengua. Y, alzando los ojos al cielo, dio un suspiro, y díjole: «**¡Efeta!**» que quiere decir: «**¡Ábrete!**» (Marcos 7, 32-34). Ante esa orden, cuenta Marcos, los oídos se abrieron, la lengua se soltó y él empezó a hablar correctamente.

Jesús preguntó al ciego de Jericó:

—¿Qué quieres que te haga?

—Maestro, haz que yo vea –suplicó el ciego.

Y Jesús:

—«Ve, que tu fe te ha curado.

Y, de repente vio, y le siguió por el camino. (Marcos 10, 51-52).

Delante del féretro en que se encontraba un joven muerto, hijo único de su madre, Jesús dijo: «**Joven, yo te lo mando, levántate**». (Lucas 7, 12-15).

El enfermo que hacía treinta y cinco años que yacía junto a la piscina de Bazatá, esperando su turno para poder tocar las aguas que de cuando en cuando movía un ángel descendido del cielo, también fue curado por el poder de la palabra de Jesús.

—¿Quieres ser curado? –preguntó el Maestro.

—Señor –respondió el doliente–, no tengo una persona que me meta en la piscina cuando el agua está agitada; por lo cual, mientras yo voy, ya otro ha bajado antes.

Jesús le dijo:

«**Levántate, coge tu lecho y anda**».

De repente, se halló sano este hombre, y cogió su lecho y anduvo. (Juan 5, 1-15).

La resurrección de Lázaro también ocurrió a través del poder de la palabra: «**¡Lázaro, sal afuera!**».

Y, al instante, el que había muerto salió afuera [...].
(Juan 11, 38-44).

Jesús encomendó curar

Al principio, cuando empecé a dedicarme al ministerio de la curación, esto causó muchas sorpresas y hasta preocupación en ciertos círculos de nuestra Iglesia Católica. Parecía que se habían olvidado de que Jesús había dedicado toda su vida pública a curar a los enfermos físicos y mentales a través de un método que no era el de la medicina convencional. Y lo más importante es que Jesús enseñó este método a sus seguidores inmediatos, los apóstoles, y que los envió a curar: «Habiendo convocado a los doce apóstoles, les dio poder y autoridad sobre todos los demonios, y virtud de curar enfermedades. Y envíolos a predicar el reino de Dios y a dar salud a los enfermos». (Lucas 9, 1-2). En este lugar, queda más claro que, al decir «demonios» se refiere a las anomalías mentales y físicas. Cuando Jesús se refería al «espíritu del mal», estaba usando el lenguaje de aquella época para que la gente más humilde entendiera que Él estaba eliminando las enfermedades y la energía maléfica que las provocara. El rabí, en su sabiduría, procuró que la gente lo pudiera comprender. Cuando era necesario utilizar un lenguaje simbólico o una expresión común del pueblo, los empleaba, porque su misión no era enseñar anatomía o medicina sino curar a la gente a través de la palabra. Los discípulos no eran médicos, salvo Lucas, que se unió posteriormente al grupo de los apóstoles. Sin embargo, el rabí les mandó curar: «En cualquier ciudad que entrareis, y os hospedaran, [...] curad a los enfermos que en ella hubiere [...]». (Lucas 10, 8). A través de la palabra.

Me causaba gracia cuando algunos me preguntaban si era espirita, porque ayudaba a la gente a curarse. Si los espirita se dedican a la curación, bienaventurados sean, porque están cometiendo un acto maravilloso de misericordia.

Hace tiempo, leí el libro *Healing (Sanación)*, del padre Francis MacNutt, OP, un sacerdote norteamericano, formado en la Universidad Católica de Harvard y el Instituto de Teología Santo Tomás de Aquino, profesor de Homilética y, presidente de la Conferencia Cristiana de Peregrinación, y me llamó la atención el siguiente pasaje: «Entre tanto, años más tarde, cuando enseñaba Homilética en el Instituto de Teología Santo Tomás de Aquino e intentaba dar orientación a muchas personas, sentí que faltaba algo a mi sacerdocio. ¿Qué clase de orientación espiritual podía yo dar a toda esa gente que venía en busca de consejos, muchos de ellos enviados por sus psiquiatras? Sufrían depresiones; algunos estaban al borde del suicidio; otros eran alcohólicos; había homosexuales; algunos estaban desesperadamente desorientados, se sentían inútiles e indignos de ser amados... Siendo honesto, no podía decirme a mí mismo, ni a otros, que todo este sufrimiento devastador fuera redentor. No podía decir al paciente mentalmente enfermo que se las tenía que ver con una terapia de choque, que su estado de ansiedad formaba parte de la voluntad de Dios y que era una cruz que Dios había escogido especialmente para él...».

En palabras de Francis: «La curación se consideraba también de capital importancia, especialmente entre los pobres, que están casi todos enfermos, con el mínimo de asistencia médica. La predicación tradicional acerca del sufrimiento siempre ha resaltado la aceptación de la Cruz. Esto llevó al pueblo a un concepto casi pagano de un Dios que distribuye sufrimiento –un Dios de ira al que se debe aplacar. A partir de ahí, se hace difícil divisar un Dios de amor sin usar el ministerio de la curación que el propio Jesús ejercía».

En cierto momento de su libro, el padre Francis hace un análisis: «Si Jesús vino para salvar y curar, ¿qué es lo que salva y cura? ¿Vino sólo para salvar almas? ¿Deben los pastores sólo estudiar la curación de las almas –la *cura animarum*? ¿El Médico Divino sólo cuida del espíritu del hombre?

»Es justo reconocer que la mayoría de los teólogos y predicadores de la Iglesia Católica ha enfatizado con gran convicción el deseo de Jesús de salvar almas y expiar el pecado que viene a ser la enfermedad del alma. Pero no hubo una convicción equivalente en cuanto al deseo de Cristo de curar las enfermedades del cuerpo. Casi al contrario, a menudo se ha presentado la enfermedad no como otro mal, sino como una bendición divina debido al inmenso bien que nace en el alma como resultado del sufrimiento».

Más adelante, el Padre Francis MacNutt afirma lo siguiente: «Creo que también es justo afirmar que cada vez que Jesús encontró el mal, espiritual o físico, lo trató como a un enemigo. Cada vez que alguien lo buscaba con fe, Jesús lo curaba. Él no dividía al hombre, como a menudo hacemos, en un alma a la que salvar y curar, y un cuerpo que debía permanecer devastado. Somos nosotros quienes hablamos de salvar almas; el Nuevo Testamento, en cambio, no dice en ningún lado que Cristo viniera a "salvar las almas". Cristo vino a salvar a los hombres: cuerpo y alma».

Actualmente, la Iglesia, si bien con cierta cautela, ya está cambiando su posición con respecto a las enfermedades. El sacramento de la extremaunción, que adquirió el significado de una preparación inmediata para la muerte, está ahora ocupando su legítima función de ser una fuerza espiritual que cura a los enfermos. Este sacramento tiene la finalidad de curar al enfermo, tal como refiere el texto de la carta del apóstol Santiago: «¿Está enfermo alguno entre vosotros? Llame a los presbíteros de la Iglesia y oren por él, ungiéndole con óleo en el nombre del Señor; y la oración de la fe salvará al enfermo, y el Señor le aliviará, y, si se halla con pecado, se le perdonarán». (Santiago 5, 14-18).

Después de que Jesús dejara esta Tierra, sus seguidores se dedicaron a predicar la Buena Nueva y a curar a los enfermos.

Un día pasaban los apóstoles Pedro y Juan por el pórtico del templo en Jerusalén y un paralítico les pidió limosna. Pedro le dijo: «Oro y plata no tengo, pero lo que tengo te doy: en nombre de Jesús Nazareno, ¡levántate y anda!».

En el mismo instante, el paralítico se curó y se marchó, feliz de la vida.

Los seguidores inmediatos de Jesús usaron y desarrollaron ese don de curar a los enfermos.

Uno de los grandes padres de la Iglesia, Agustín de Hipona, escritor, pensador, filósofo, teólogo, obispo y santo (354-430), en un momento temprano de su trayectoria, dijo que el período de las curaciones milagrosas se había consumado con Jesús y los apóstoles. Más tarde, sin embargo, reconsideró esa afirmación en su libro *Retractaciones*, después de haber observado varios milagros que sucedieron en su diócesis. Enseñó, entonces, que la curación era el carisma perenne de la Iglesia y no sólo de una época determinada.

Llegó el momento en que nuestra Iglesia reavivó el carisma de la curación, con misas especiales, rituales, oraciones, peregrinaciones y devociones.

Incluso con el avance de la medicina, sigue habiendo otro camino para la curación de los males físicos y mentales. Son dos métodos diferentes que no se excluyen ni se contradicen. Al contrario, se conjugan armoniosamente.

La Iglesia, a lo largo del tiempo, llegó a considerar que la curación del cuerpo pertenecía a la medicina, y la del alma, a ella, como legado de Jesús. Así, usaba la fuerza de la oración y de la peregrinación para liberar a las personas de sus flaquezas y de sus males espirituales. Ante la dolencia física, se limitaba a rezar y a recomendar la resignación y la conformidad con la «voluntad del Padre», como si el sufrimiento fuera una dádiva divina.

«Salva tu alma», decía la Iglesia.

«Id y curad a los enfermos», decía Jesús.

Cuerpo, alma, mente, corazón y espíritu son una unidad indisoluble en esta caminata terrestre; por eso, en las curaciones, Jesús hablaba siempre del ser humano como un todo.

Claro que no se pueden dejar de mencionar los grandes centros de peregrinación en busca de curación, como Lourdes, Fátima, El Niño Jesús de Praga, Aparecida, Medjugorje, Caravaggio y otros. Sin embargo, el milagro no reside allí, sino en el ser humano. Esos lugares son centros privilegiados de fe. Y la fe es la fuerza curativa todopoderosa.

Es fundamental que el carisma de la curación se recupere en todas las partes del mundo, pues ése es el mandato del Maestro y es una de las misiones humanas más dignas de ser llamadas cristianas.

A fin de que la gente no pensase que el poder curador de Jesús se limitaba al período de su vida terrestre, Él decía en sus recorridos por Palestina: «Estad ciertos de que yo estaré continuamente con vosotros hasta la consumación de los siglos».

Él está contigo, aquí y ahora.

Dijo Él: «Todo lo que pidiereis en mi nombre lo haré». Aquí se puede observar la suprema psicología del Maestro. Él sabía que muchos, considerando sus propias debilidades y limitaciones, jamás podrían llegar a entender que ellos mismos poseían el poder de crear y curar. Jesús sugirió que la gente se atuviera a Él y, así, tendrían fe en la posibilidad de conseguir el milagro a través de Él. «Todo lo que pidiereis en mi nombre». El nombre representa y significa la persona. El nombre de Jesús significa el propio Jesús. Si crees en la presencia de Jesús aquí, junto a ti, así es.

Ésta es una verdad maravillosa que no todos consiguen aprehender. Pero, quien alcanza la dimensión total de esa realidad entra en el grupo de los privilegiados que obtienen el milagro.

Un día, un padre se acercó a Jesús con su hijo, que sufría de ataques epilépticos. Había consultado con médicos y curanderos y ninguno había conseguido liberar al niño de este mal.

Tampoco los discípulos del Maestro, a los cuales el hombre se había dirigido primero, habían podido hacerlo.

El hombre se dirigió entonces a Jesús:

—Rabí, si tú puedes, ¡cura a mi hijo!

El Maestro le dijo:

En cuanto a poder, quien tiene fe todo lo puede. ¿La tienes tú?

—¡Sí, Maestro, yo creo! ¡Pero ayuda a mi falta de fe! –exclamó el padre.

El hombre no creía ni descreía. En su confusión y escepticismo, pidió la ayuda y la compasión de Cristo.

Grita tú también para creer en tu curación.

Grita, aun cuando la duda, el miedo y la inseguridad intenten desmantelar esa fuerza interior.

Grita internamente, aunque la enfermedad sea más poderosa que la medicina.

Grita con el corazón conmovido.

Basta con eso para que ahora mismo el milagro suceda dentro de ti.

Y el milagro sucederá, aunque sea poco a poco.

5

Tú eres la palabra

Ahora vamos a lo que interesa. Tu origen está en Dios. Tienes el ADN divino. Eres hijo de Dios. Por tanto, eres también dios, sin mayúscula, por ser finito, limitado, criatura, y estar condicionado por factores materiales. Pero tú eres un dios con minúscula. Tus padres son sólo intermediarios de tu vida y de tu esencia. Ya he hablado de eso.

Quiero enfatizar que tú viniste de Dios. Al tener tu origen en Dios, llevas la genética divina. Entonces, eres inmortal. No por el cuerpo, que es materia provisional, perecedera, pero sí por el espíritu, que es el factor divino de tu realidad. Hay un viejo refrán que dice «De tal palo, tal astilla». Aunque sea una mala comparación.

De todo eso se deduce lo siguiente: la criatura humana es divinidad por el espíritu. Éste es el genoma de Dios en el hombre. Por el espíritu, consecuentemente, el ser humano es inmortal, es palabra que crea y que cura, es poder, sabiduría, amor, felicidad, y es el Bien.

Así como la palabra divina es Dios que se manifiesta, de la misma manera, mutatis mutandis, la criatura humana es la palabra que se manifiesta.

El hombre y la palabra son una sola cosa. El ser humano es uno con su palabra. Como el hombre pertenece a la especie divina, su palabra es divina, contiene el poder creador divino. El ser humano es divino, no por la materia que lo envuelve –vuelvo a repetir– sino por el espíritu.

En una carta enviada a los cristianos de su época, Juan escribió: «En esto conocemos que estamos en Él, y Él en nosotros, porque nos ha dado de su Espíritu». (Juan 4, 13).

El apóstol Pablo, en una carta a los Efesios, afirmó: «Para que según las riquezas de su gloria os conceda por medio de su Espíritu el ser fortalecidos en virtud en el hombre interior». (3, 14-16).

Dice además: «Mi palabra y mi predicación no consisten en un lenguaje persuasivo, sino en la demostración del espíritu y del poder».

Espíritu y poder. Tú eres espíritu y poder.

En la carta dirigida a los habitantes de Corinto, en Grecia, Pablo señaló: «Hay, sí, una diversidad de dones espirituales; mas el Espíritu es uno mismo. Hay, asimismo, diversidad de operaciones, mas el mismo Dios es el que obra todas las cosas en todos». (12, 4-11).

Por todo esto, queda claro que el poder creador y curador del ser humano es el espíritu y el espíritu se manifiesta de la misma manera que Dios ejerció y ejerce su poder creador: a través de la palabra.

La gran dificultad

Si la criatura humana es divinizada por el espíritu y en el espíritu residen el poder, la sabiduría y todo el Bien, ¿por qué el hombre vive en un valle de lágrimas? ¿Por qué existe tanto sufrimiento, violencia, miseria, angustia y enfermedades?

Ahora la respuesta se vuelve muy sencilla: porque el hombre aún está impregnado de la materia, vive orientado hacia la materia y hace de ésta su patrón existencial, establece en ella sus proyectos e ideales y usa la palabra sólo en este sentido. Recuerda la ley, según la cual, cada uno cosecha lo que siembra. La simiente es libre; la cosecha es obligatoria. Toda palabra, centrada en su contenido, hace realidad lo que contiene, sea benéfico o maléfico. Ésta es la clave del secreto.

El mundo aún yace inmerso en la primera fase de su evolución: la evolución material. Ese estadio, dicho sea de paso, es esencial, ya que la materia necesita de la materia para subsistir. Pero esto no es lo único, ni siquiera lo principal.

La humanidad debe ascender urgentemente al segundo y al tercer grado de evolución para ser lo que realmente es, una visión del Creador.

El segundo escalón evolutivo es mental, mientras que el tercero es espiritual. Al alcanzar estos otros dos niveles, el ser humano llegará a su plenitud, a su totalidad, y será lo que es.

Claro que el nivel espiritual aquí significa la identificación con el espíritu, la escala superior de la vida humana y no la religiosidad. El espíritu es la chispa divina. El Dios inmanente.

Cada vez que Jesús hablaba del poder que mueve montañas, que todo lo alcanza, que realiza milagros, que cura enfermedades y vuelve posible lo imposible, se refería a la criatura humana en su verdadera dimensión. Cuando afirmó que todos pueden hacer lo que Él hacía, estaba considerando al ser humano en su totalidad.

Para aprehender la dimensión humana es fundamental alcanzar el espíritu. Pues es él quien crea al hombre a la imagen y semejanza divinas.

La ciencia estudia al hombre-materia, pero, en realidad, se trata de un ser humano-divino. Materia y espíritu. Cuerpo y mente.

Mientras permanezcas sólo en el primer escalón evolutivo –el material, el humano–, estarás inmerso en las tinieblas, esto es, sujeto a lo imponderable, a las desgracias, los sufrimientos, las frustraciones, las injusticias, el desamor y las amarguras.

Muchos están en camino; algunos ya vislumbraron esta verdad; otros captaron destellos de divinidad y de poder. Lo importante es comprender la razón de ser de esta situación del mundo actual, alimentar expectativas positivas, y seguir adelante practicando el poder de la palabra. Nunca desistir y nunca negar. Sería lo mismo que negar la existencia del Sol, sólo porque la noche extiende su manto de oscuridad. El secreto ya no es más secreto. Tú tienes la clave.

Cómo llegar al Espíritu

Ya hemos visto que la palabra es el ejercicio del poder, tanto por parte de Dios como del hijo de Dios.

La primera condición para alcanzar la esfera del espíritu es saber que existe y que en él están la divinidad, el poder, la sabiduría, el reino de los cielos y la capacidad de autorrealización.

La segunda condición es comprender que, de la misma manera que Dios es su palabra, tú, tu espíritu y tu palabra sois también una unidad intrínseca.

Usa la palabra como poder de crear y de curar.

¿Te está yendo mal en la vida?

¿Sabes lo que tienes que hacer para dar a tu vida un giro de 180 grados, de manera que cambie radicalmente en positivo?

Es preciso formular tu palabra mágica. Es preciso expresar tus deseos, tus sentimientos positivos, tu oración benéfica, puesto que esta palabra tiene el poder de crear la realidad.

Tú dirás:

—Pero eso es una utopía, no puede ser así.

¿Por qué no puede ser?

¡Claro que sí! Tu palabra tiene el poder de crear la realidad. Si, aun así, dices que no puedes, ese poder divino que hay dentro de ti hará que no puedas. Tu palabra se cumple, tanto positiva como negativamente. Si crees que tu palabra no tiene poder alguno, no lo tendrá. Se hará tu voluntad. Acuérdate de que la clave del secreto es conocer la substancia de tu palabra. Hay un poder en tu palabra cuando ella es verdadera, esto es, cuando lo que dices coincide con lo que piensas.

Los que creen que pueden, usan la palabra para fines benéficos. Su mundo se transforma y ellos avanzan. El milagro sucede. Y todas estas personas bendicen la vida cada día, a cada amanecer y a cada anochecer.

Antes de Jesús, apenas algunos sabios e iluminados habían vislumbrado el secreto. El gran Salomón fue uno de ellos. Hermes Trismegisto fue otro. También Moisés. Y Confucio. Buda también enseñó el poder creador del pensamiento.

«Todo lo que somos es el resultado de lo que pensamos. Se basa en nuestros pensamientos y está hecho de nuestros pensamientos».

Salomón dijo: «**el hombre es el reflejo de sus pensamientos**».

Y añadió: «**Tal como lo imaginaste en tu alma, así será**».

Otros maestros, místicos, sabios, pensadores, filósofos y teólogos menos conocidos también descubrieron el secreto.

Se percataron de que somos lo que pensamos.

Descartaron todas las teorías relacionadas con el acaso, la desgracia, la suerte, el destino, la fatalidad e intuyeron que el ser humano es el resultado de sí mismo.

Concluyeron, entonces, que las enfermedades son un efecto de disfunciones mentales y emocionales. Así como el hombre puede alterar la armonía de la naturaleza, también puede desmantelar la armonía de su propio universo físico. Observaron que este universo físico está a merced de las determinaciones mentales, afectivas, espirituales y emocionales. Comprendieron que el odio, las preocupaciones, la tristeza, la rabia, el desánimo, la angustia, la violencia, la hostilidad, la malicia y el pesimismo promueven el sufrimiento del cuerpo, y los efectos nefastos surgen posteriormente en forma de enfermedades.

Mucha gente, todavía hoy, cree que las enfermedades caen del cielo, que son fatalidades de la vida.

Aclaración

Para que no te confundas, repetiré aquí la definición de palabra *como cualquier tipo de manifestación mental: pensamien-*

tos, ideales, imaginación, sentimientos, afectos, oraciones, meditación, visualización, peticiones, deseos, quejas, reclamaciones, rebeliones, ofensas, elogios, contemplaciones y cantos. En fin, la palabra es cualquier expresión de la mente.

La palabra es un acto creador mental. Un atributo de Dios y del ser humano, hijo de Dios.

Como dice la ciencia del poder de la mente, a la palabra sigue la reacción; a la reacción sigue la acción; y a la acción sigue la materialización. La dirección de tu palabra es la dirección de tu vida.

Si no sabes lo que está pasando en tu vida, estás ahora en condiciones de entrar en tu interior y analizar el contenido de tus palabras.

6

La palabra
de las leyes universales

En el reino de la sabiduría infinita, nada acontece por casualidad.

Todo obedece a las leyes inevitables.

La forma justa y ecuánime en la que el Creador rige el universo es a través de Leyes, que son principios inmutables, simples, perfectos y necesarios. En Dios no hay privilegios, ni preferencias, ni distinciones, puesto que todos, de igual manera, somos sus hijos.

Existe, por ejemplo, una Ley Universal según la cual **«cada uno cosecha lo que siembra»**. Nadie cosecha lo que no sembró. Si alguien planta mala hierba, no sirve de nada querer cosechar naranjas o piñas. El apóstol Pablo, en la carta a los hebreos, nos recuerda: «Lo que un hombre sembrare, eso recogerá». La simiente es la palabra. Éste es el descubrimiento. Y la palabra es el don individual. Por tanto, si alguien tiene motivos para quejarse de su vida, esta queja se volverá hacia él. Está cosechando lo que sembró. Con eso, queda descalificada cualquier creencia vinculada al destino y a la fatalidad.

Otra verdad fundamental: Dios no promueve la justicia a través de castigos o recompensas. Ni mucho menos otorga bendiciones a su antojo. No es ni el sacrificio, ni las penitencias lo que conmueve al Creador. Todo funciona en la justa y recta orden divina, de acuerdo con las Leyes otorgadas por el Creador. Nada más sencillo, perfecto y correcto. Son sus Leyes las que rigen la vida y el universo.

Otra Ley: «**Cualquier pensamiento unívoco es un acto creador**». Pensamientos de alegría, por ejemplo, desencadenan la energía de la alegría.

Como el pensamiento es una acción mental y la mente es la vida del cuerpo, se sigue que los pensamientos y sentimientos positivos, las oraciones y visualizaciones hechas con convicción, crean la energía poderosa para realizar su contenido, con repercusión directa sobre todo el cuerpo, fortaleciendo el sistema inmunológico y revitalizando el organismo.

Por otro lado, pensamientos y sentimientos de odio generan tensión, producen estrés y segregan hormonas que debilitan la armonía orgánica, causando problemas cardíacos y otros desajustes.

Cuando un determinado tipo de pensamiento se establece en la mente como una verdad, se convierte en una creencia, la cual, a su vez, pasa a formar parte del individuo, con todas sus consecuencias.

Si sueles caer varias veces al día en un determinado tipo de pensamiento, es probable que éste ya se haya convertido en un patrón mental.

Cualquier creencia o patrón mental interfiere en el cuerpo.

Aquí cabe citar una Ley Universal: **la Ley de Causa y Efecto**. No existe causa sin efecto, ni efecto sin causa. Jamás nadie implantará una creencia en su interior sin el efecto correspondiente. Si la creencia es positiva, los efectos serán positivos. Si la creencia es negativa, los efectos serán negativos.

La gente mal informada, que dice que los malos viven maravillosamente, está pidiendo que el veneno sea bueno para la salud.

Hay otra Ley, revelada por el rabí:

La Ley de la Repetición.

Dijo Él:

«Llamad y se os abrirá».

La Ley de la Repetición es una forma más de sensibilizar el subconsciente para que éste responda conformemente.

Él no dijo: «Llamad, pues tal vez se os abrirá». Al contrario, afirmó con toda certeza: «¡Llamad y se os abrirá!»

Esta Ley es infalible. La psicología y la sabiduría humana lo confirman. Basta citar los viejos refranes: «Gota a gota se horada la roca» y «Quien esperar puede, alcanza lo que quiere».

La repetición sensibiliza el subconsciente, que, encendido por la energía despertada, procede a materializar la palabra.

La repetición fertiliza el terreno, y crea todas las condiciones para que la vida se manifieste, sea cual fuere la simiente.

Otras Leyes conocidas: la Ley de la Fe, de la que he hablado en diferentes lugares, y la Ley de la Atracción, que ya está bastante divulgada también.

Énfasis

La palabra es una forma de pensamiento y el pensamiento es una forma de energía.

Una persona enferma tiene poca energía o un estado de energía negativa.

La enfermedad empieza en la mente.

Como la mente es la vida del cuerpo, los estados de tristeza, depresión, estrés, rabia, odio, desánimo, ansiedad y angustia debilitan el sistema inmunológico y abren el camino a la enfermedad.

La palabra produce la energía de su propio contenido. Ya se ha dicho.

La palabra tiene un poder creador.

La vida fue creada por la Palabra.

Jesús reveló esta verdad, al enseñarnos que:

**«Todo lo que pidiereis
con fe lo alcanzareis».**

La petición es la palabra dirigida según una determinada intención.

La ciencia del poder de la mente también ha llegado a esta conclusión, al afirmar que todo lo que el subconsciente –la mente interior– acepta como verdadero, sea bueno o malo, negativo o positivo, benéfico o perjudicial, se volverá realidad. Esto significa que la misma mente que genera la enfermedad tiene, por consiguiente, el poder de generar la salud.

Pensadores de todas las épocas afirmaron que todo pensamiento unívoco se materializa.

Prentice Mulford, Eliphas Levi, el profeta David, Ralph, Waldo Emerson, Masaharu Taniguchi, Ramakrishna, Émile Coué, U. S. Anderson, Thompson Hudson, Walter Germain, Herold Sherman, Napoleon Hill, Howard Hill, Joseph Murphy, Roy Eugene Davis, por mencionar sólo unos pocos.

Rudyard Kipling dijo que la palabra es la droga más poderosa del universo.

El centurión que fue a pedir a Jesús la curación de su criado querido, mortalmente enfermo, imploró al Maestro:

**«Pero di tan sólo una palabra,
y sanará mi criado.»**

(Lucas 7, 7)

Di una palabra. El oficial romano conocía el secreto. Dijo a Jesús que no hacía falta que el rabí fuera a su casa para curar al siervo, bastaba la palabra de curación. Y así fue.

¿Realmente habría enseñado Jesús al pueblo el secreto de un poder de crear y de curar?

Muy pronto hablaré sobre eso.

Antes, quiero empezar por el principio, como se suele decir.

SEGUNDA PARTE

La palabra que cura

«Pero mándalo con tu palabra, y quedará
curado mi criado». (Mateo 8, 8)

«Pedid y recibiréis». Jesús

7

La palabra cura porque es la manifestación de lo divino en lo humano

Tal vez, te mantengas firme en tu convicción de que la palabra no tiene nada que ver con el cuerpo. Muchos dirán que, si la palabra modificara el cuerpo, tendríamos un cuerpo diferente cada minuto. Los más sagaces dirán quizás que, de repente, unos tendrían un cuerpo de gigante, después serían minúsculos, redondos con la nariz larga, aplanada, con piernas de atleta, de cisne, de color blanco, amarillo, y así sucesivamente.

Antes que nada, hay que señalar que la esencia humana, la matriz, no queda afectada por la palabra negativa, pesimista, maléfica o desvariada, sino sólo por las configuraciones, las funciones, las moléculas, la finalidad, la armonía energética y el bienestar.

La palabra como creación de la mente

Me gustaría recordar aquí que, cuando digo *palabra* me refiero a pensamiento, creencia, idea, convicción, oración, meditación, emoción, canto, deseo, imagen, visualización, queja, rabia, odio, amor, alegría, elogio…, en definitiva, a cualquier forma de creación mental.

La vida humana se basa, sobre todo, en la mente. La mente determina el estado de ser, desencadena emociones, promueve actitudes, determina la acción, nos lleva a llorar, a reír a carcajadas, a ruborizarnos, a expresar timidez, a generar tensiones, a encender o apagar los afectos del corazón, a ascender hasta el espíritu o confundirse con la materia; en otras palabras, es el centro vital. Como centro vital, la mente actúa sobre sí misma, sobre el cuerpo y sobre el mundo exterior. Dicho de otro modo, la mente determina el proceso creador y curador. Este proceso se expresa a través de la palabra, bajo cualquiera de sus configuraciones.

La primera constatación que hice con respecto a la salud y la enfermedad es que la mente es la vida del cuerpo. Si se elimina la mente del cuerpo, el cuerpo se muere. La prueba de eso es que, si no hay mente en un cuerpo, como sucede cuando uno ha muerto, de nada sirve llenarlo de pastillas, remedios, hacer cirugías, poner inyecciones o encontrar los mejores especialistas del mundo. El cuerpo se descompone inevitablemente.

Si la mente es la vida del cuerpo, la mente positiva, alegre, sana, optimista, feliz y llena de amor transformará el cuerpo en uno energéticamente fuerte y sano.

La mente triste, abatida, que guarda odio, rabia, hostilidad, depresión, desamparo, pesimismo, negatividad, preocupaciones, desajustes y dolencias obstaculizará el desempeño del cuerpo, y generará la enfermedad.

Cuando amas a alguien, por ejemplo, te sientes rejuvenecido, lleno de energía, ligero y fortalecido.

Si eres feliz, esta vibración se encarga de tu cuerpo y te sientes más sano que nunca.

Mente sana = cuerpo sano.

Examina el contenido de tus pensamientos y sabrás cuál es el estado de tu salud.

La palabra actúa en el cuerpo

El método de curación a través de la palabra es tan sencillo y fácil que, todavía hoy, la mayoría de la gente no le da ninguna importancia.

—Es demasiado fácil y sencillo para que sea verdad –argumentan.

Esta actitud está tan arraigada, que un remedio que no sea amargo y difícil de tomar no se considera eficaz.

Es importante comprender que lo que viene de Dios no puede ser complicado. Hacer leyes difíciles y confusas no es propio de quien todo lo sabe. Todas las Leyes Universales, como la Ley del «Pedid y Recibiréis», son simples, accesibles, fáciles y están al alcance de todos. Entonces, suaviza tu rigidez mental y usa el poder de la palabra en tu beneficio.

8

La palabra de fe produce la curación

¿Si alguien te dijera que existe una poción milagrosa y que bastaría con beberla para curarse de cualquier enfermedad, lo creerías?

—¡En absoluto! –exclamarías seguramente.

Fue eso lo que pasó.

Jesús, en varias ocasiones a lo largo de sus caminatas, nos avisó de que existe una «poción milagrosa» llamada fe. Simplemente fe. Sólo dos letras, pero, según Él, juntas poseen una fuerza todopoderosa, capaz de curar enfermedades, realizar milagros y alcanzarlo todo.

Era demasiado bueno para ser verdad. La humanidad no le dio crédito.

—¡Danos pruebas! –gritaron algunos.

Y Jesús dio pruebas: curó a leprosos, ciegos, paralíticos, epilépticos, dementes; calmó vientos, serenó el mar agitado, multiplicó panes y llenó barcos enteros de pescado.

La fe es un detonante fabuloso a disposición del ser humano, para que alcance todo lo que desee en la vida. Todas las barreras y obstáculos son eliminados por la energía de la fe.

Todas las enfermedades se deshacen cuando se sabe utilizar esta fuerza irresistible a la cual Jesús dio en llamar fe.

¿Qué es la fe?

Es saber que tu palabra tiene el poder de crear y de curar. Es creer que tu palabra se realiza. Es tener la seguridad de que lo que se ha pedido en la oración se realizará.

En la definición de Jesús, *fe* es «creer firmemente en la realización de la palabra». ¿Te has fijado en cuál es la clave del poder?

—¡Es imposible! –dirás.

Por favor, no compliques las cosas.

Si niegas todo lo que no comprendes, quedará poca cosa en tu enciclopedia personal. Te garantizo que es igual que querer saber por qué una vaca negra, que come pasto verde y bebe agua incolora, da leche blanca. ¿Cómo puede una simiente blanca producir una sandía, verde por fuera y roja por dentro? Estoy bromeando. Pero, casi todos los objetos que tú usas, hoy en día, de forma natural, eran impensables hace uno o dos siglos. No existe lo imposible. Jesús afirmó categóricamente que todo es posible para quien tiene fe. Si el Maestro garantizó que la fe todo lo alcanza, ¿tienes tú la autoridad y los conocimientos como para decir que miente?

La fe no tiene nada de absurdo

Antiguamente se decía: *Credo quia absurdum.* «Creo (algo) por ser absurdo». Si es absurdo, no lo comprendo, pero lo creo. Si es una verdad revelada, creo en ella, aunque parezca absurdo.

En realidad, no tiene nada de absurdo. Al contrario, es lógica suprema.

«La verdad os liberará» –enseñó el Maestro.

Dondequiera que encuentres la verdad, te sentirás libre y feliz. Olvídate de toda la palabrería anticuada y obsoleta. La fe no es absurda, sólo se escapa a los parámetros científicos conocidos hasta ahora. Pero sí que se puede probar mediante los resultados. Cuando se aplican correctamente las premisas de la fe, el resultado nunca falla. ¿Cómo sucede eso? ¿Por qué? No preguntes, usa tu fe.

A través del poder de la fe, las palabras de salud curan la enfermedad; las palabras de amor generan amor; las palabras de éxito producen éxito; las palabras de armonía crean armonía.

¿Estás enfermo? Reza una oración para la curación y te curarás.

Expulsa la enfermedad en este preciso momento y la enfermedad obedecerá.

Visualiza la salud, proclama tu salud, no te vuelvas atrás y celebra el milagro de tu curación.

Si tu palabra vacila, conéctate con la palabra de Jesús.

Y cree.

El método de la curación a través de la fe

Hay varios métodos de curación enseñados por Jesús, entre los cuales se encuentra el método infalible, extraordinario y poderoso de la curación a través de la fe. Permíteme volver al tema, ya que ésta fue la más sorprendente revelación del Nazareno.

Jesús curaba a la gente a través del método de la fe: «Si tú crees, hágase conforme tu fe».

—¿Quieres purificarte? ¡Sé puro!

—¿Qué es lo que quieres?

—Ver.

—¡Ve!

—Y tú, ¿qué deseas?

—¡Andar, Señor!

—¡Camina!

Como ves, Jesús se dedicó desde el principio de su vida pública hasta el final a curar a los enfermos. Con independencia del tipo de enfermedad, todas ellas cedieron y se eliminaron.

Aunque tu enfermedad se considere incurable, acuérdate de que la fe mueve cualquier montaña.

Nunca te desanimes.

Nunca pienses que tu problema no tiene solución.

Muchos que tenían enfermedades incurables y se encontraron con Jesús fueron curados ¿Por qué no haces lo mismo?

Cuenta Lucas, el médico evangelista, que una mujer había gastado toda su fortuna en médicos y curanderos, en busca de la curación de una hemorragia. No lo consiguió. La enfermedad progresaba cada vez más. Un día, ella supo que Jesús estaba pasando por las calles de su ciudad. Ya había oído hablar de los milagros que Él hacía. Una gran fe se apoderó de ella y entonces exclamó: «Si yo consiguiera aproximarme a Él y tocar con el dedo aunque fuera sólo su abrigo, me curaría».

Pensando de esta manera, salió a la calle y se metió entre la multitud, que se apiñaba alrededor de Jesús. Toma nota de que ella no se quedó en casa, pensando para sí misma: «No sirve de nada, no sirve, los médicos ya lo han intentado, no hay remedio, ¿qué haré allí?».

No se dejó abatir por los intentos fallidos de los médicos. Salió de su casa, con fe, con la mente centrada en esta idea: «Si yo consiguiera aproximarme a Él y tocar con el dedo aunque fuera sólo su abrigo, me curaría».

Ésta era la curación de fe de aquella mujer.

Recuerda que no hace falta elevar oraciones ostentosas, sofisticadas y largas. Sólo una cosa es necesaria: la fe.

«Si toco con el dedo aunque fuera sólo su abrigo, me curaré». Se abrió camino entre la gente y consiguió tocar con el dedo el abrigo de Jesús, y quedó instantáneamente curada.

Tu salud empieza ahora

Si tú dices ahora «estoy curado de mi dolencia» y crees en la realización de tu palabra, estás realmente curado. La curación puede no darse inmediatamente, pero ya empezó a gestarse. Ésta es una Ley que no puede fallar.

Un día, Jesús afirmó:

**«En verdad os digo que
cualquiera que dijere a este monte:
"quítate de ahí y échate al mar",
no vacilando en su corazón,
sino creyendo que cuanto dijere
se ha de hacer, así se hará».**

(Marcos 11, 23)

No sé si te has fijado en un detalle fundamental: «...creyendo que cuanto dijere se ha de hacer». Éste es el secreto. Para creer en la realización de la palabra, es preciso concienciarse de que la fe es una ley infalible y no una cuestión de suerte o de mérito. Al ser una Ley del Infinito ya no depende del Legislador, sino de quien usa la Ley. La curación a través de la fe depende, por tanto, del enfermo; es decir, de la fe del enfermo y no de la voluntad de Dios.

La voluntad de Dios es que su Ley se cumpla. Es por eso que Jesús decía: «Ve en paz, tu fe te ha curado».

En Curitiba, me preguntaron una vez:

—¿Cuánto tiempo se tarda desde que se empieza a visualizar la salud hasta que se alcanza?

Mi respuesta fue:

—El tiempo tiene el tamaño de la fe. Si tu fe es poca, el tiempo será más largo, porque tendrás que reforzar e inculcar la idea, usar los métodos de la repetición, de la visualización y de la oración para conseguir hacer fuerte en ti la imagen y la verdad de la curación.

Cuanto más intensa es la imagen de la curación en la mente, más fuerte será la impresión sobre el subconsciente. Esto puede tardar. Pero, si crees, aquí y ahora, que tu palabra, tu determinación, tu visualización o tu oración generan la salud irresistiblemente, inmediatamente, es esto lo que sucederá. Si no tienes esa convicción absoluta, no te desanimes. Aun así, estás a un paso de la salud. Y Jesús, que curó a toda aquella multitud de enfermos, te curará de la misma manera. Tú no eres menos que los otros.

El mundo no podía tener sólo un pequeño grupo de privilegiados, el grupo de aquellos que tuvieron la suerte de vivir en la época del Maestro. El propio Nazareno dijo: «Estad ciertos que yo estaré continuamente con vosotros hasta la consumación de los siglos». (Mateo 28, 20).

Dijo: «Pedid y recibiréis». No dijo: «Pedid mientras yo estoy en la Tierra».

Tú recibirás, porque ésta es una ley que nunca falla.

Cuando pones mantequilla al fuego, se derrite. No puede ser de otra manera. Así es la Ley de la Fe: cuando aplicas las premisas correctamente, el resultado es necesariamente uno. Ésta es la razón por la que Jesús dijo: «Pedid y recibiréis». Tu petición ya es la substancia del propio acto de recibir. Él confirmó esta verdad en varias ocasiones, cuando afirmó, por ejemplo:

**«Y todo cuanto pidiereis en la oración,
si tenéis fe, lo alcanzaréis».**

Observa que Él no dijo: «Si pedís la curación de las dolencias que no son incurables». Tampoco dijo: «Si pidiereis la curación de las enfermedades que no hayan durado más de diez años…».

No. Él fue categórico: «Cualquiera que sea». Es decir, todo lo que pidiereis, porque dentro de nosotros hay un Poder Infinito capaz de curar que es el propio Dios.

«Tú, cuando hubieres de orar» –dijo el Maestro–, **«entra en tu aposento y, cerrada la puerta, ora en secreto a tu Padre, y tu Padre, que ve en lo secreto, te recompensará».**

Ya te habrás dado cuenta de que Él nunca se sirve de un «quizás» o un «si Dios quiere», que tantos otros suelen añadir. La Ley es ésta: lo que tú pidas y aquello en lo que creas, es lo que sucederá.

¡Estupendo! –dirás–. Pero es imposible.

No porque no concibamos la dimensión total de esta Ley dejará de ser verdadera.

No por considerar nuestra falta de comprensión Jesús debería haber limitado su enseñanza.

No por no haber captado el significado total de esta Ley estamos autorizados a decir que Jesús exageró.

Jesús demostró que la Ley de la Fe es verdadera y funciona.

Usa el poder de la fe

¿Quieres alcanzar la salud?

Usa la ley de la Fe.

En cuanto al poder –dijo Jesús– quien tiene fe, todo lo puede.

Tú también puedes.

Deja de racionalizar, analizar, medir y comparar, porque tu mente consciente, con la que analizas, razonas y mides es una minúscula parte de la mente. Si sólo te sirves de esa parte de la mente, no alcanzarás nunca el universo entero, ni la unidad total, ni la máxima dimensión del ser humano-divino.

Si quieres racionalizar todo, te daré un ejemplo sencillo: ¡Piensa en la cantidad de cosas que, hace diez años, tú decías que eran imposibles y hoy forman parte de tu vida! Pero, hace diez años, tú dudabas y te habrías burlado de quien hubiera tenido una visión más amplia y más allá de su raciocinio.

En casa, tengo un volumen antiguo de la enciclopedia *Tesoro de la Juventud*. En ese volumen, se afirma que era imposible para el hombre llegar a la Luna. Y se aducen una serie de argumentos para confirmar esta tesis. Pero el hombre fue a la Luna, rebatiendo todos los argumentos contrarios. Por lo tanto, lo que hoy puede parecer inaceptable o imposible, de aquí a cinco o diez años podría ser natural, común, fácil y verificable.

Lo que Jesús enseñaba hace dos mil años, todavía hoy, muchos no lo entienden; por eso, no creen. Pero, aun así, su palabra sigue siendo verdadera.

Si no lo consigues del todo, no te aflijas: usa el poder de la fe en tu beneficio y comprobarás por ti mismo el milagro que sucederá en tu vida.

Un día, una señora, entusiasmada por los inventos de Thomas Edison, le preguntó:

—Profesor, ¿qué es la electricidad?

Él le respondió:

—La electricidad no se explica, señora, se usa.

Si no entiendes de dónde viene esa fuerza, esa energía capaz de estallar por medio de la palabra, la oración, la meditación, la visualización o el deseo, aun así, úsala, porque es eso lo que importa. Si Jesús aseguró que era así, y probó que era así, intenta ponerlo en práctica ahora, mientras estés a tiempo, y no de aquí a diez años.

El milagro de tu oración

Reza una oración poderosa y visualiza en esta plegaria tu curación y tu salud. Al crear la salud en la mente, te curarás automáticamente, siempre y cuando no te vuelvas atrás. Muchos se vuelven atrás. Piden la curación, pero creen en la enfermedad. La gente se maneja casi siempre por la visión física en detrimento de la visión mental, la cual es la base de la nueva realidad. Si el cerebro no recibe una nueva información, procesará aquella que ya existe.

Jesús dijo: «Ninguno que, después de haber puesto su mano en el arado, vuelve los ojos atrás, es apto para el reino de Dios». (Lucas 9, 62).

El Maestro insistió en que era preciso «creer firmemente en la realización de la palabra». Ahora, por ejemplo, crea una oración para la curación de una úlcera duodenal, visualizando el duodeno en su correcto funcionamiento, en el justo y recto orden divino, y gracias al poder de la fe y la infalibilidad de la oración, se curará. Cuando creemos en la palabra, ella crea la realidad de lo que contiene. El nudo gordiano de la cuestión, sigo insistiendo, es cambiar la verdad de la enfermedad, del dolor y de la medicina, fijando en tu mente la nueva verdad de la salud perfecta. Ése es el problema que hay que superar.

Ésa es la clave del secreto.

Los apóstoles, aunque fueran hombres toscos, sin mucha cultura, aprendieron con Jesús el método de la curación a través de la fe y lo pusieron en práctica. Santiago, en una de sus cartas a su pueblo, escribió:

«¿Hay algún enfermo entre vosotros?
Llamad a los presbíteros de la Iglesia y orad por él,
ungiéndole con óleo en el nombre del Señor:
Y la oración de la fe salvará al enfermo...». (5, 14-15).

Lo que crees es lo que acabarás siendo. Eso dicen los grandes pensadores.

Crea ahora la oración para la curación. Visualiza tu órgano funcionando de forma sana y cree que así es y así será. Mantente firme con respecto a esta verdad. No te rindas. Sigue tomando los remedios que te hayan recetado, pero siempre con la firme convicción de que una Fuerza superior está regenerando tu organismo. Agradece la curación muchas veces al día, ya que el agradecimiento es una forma de fortalecer tu creencia en la salud perfecta.

9

Cura tu enfermedad

Aquí, quiero hablar precisamente sobre la salud que has venido a buscar.

La primera pregunta que se plantea es ésta:

—¿Por qué has venido a buscar salud? ¿Por qué quieres liberarte de tu dolencia?

—Pues, porque la enfermedad no es algo bueno. No me permite vivir bien. Me hace sufrir. Me perjudica.

Muy bien. El ser humano no está hecho para sufrir. Como hijo de Dios que es, su esencia es la perfección y la felicidad.

El don natural de cualquier criatura humana es la salud. Jesús recomendó: «¡Sed perfectos como vuestro Padre en el cielo es perfecto!». Observa que Él no predicó la renuncia, ni el sacrificio, ni el dolor, sino, al contrario, la armonía y la salud perfectas.

La salud, que tú deseas para ti, te la desea también Dios. Incluso la humanidad entera y todo el universo aspiran a tu salud, puesto que, mientras estés enfermo, una parte de la humanidad y del universo también está enferma. Asimila esta verdad.

El Infinito y el finito aúnan fuerzas a favor de tu salud.

Condiciones para que se produzca la curación

Las preguntas que aquí se plantean son las siguientes:

¿Deseas realmente la salud?
¿Crees en la curación?
¿Estás decidido en este momento a deshacerte definitivamente de la causa de tu enfermedad?

Ante todo, deshazte de las creencias negativas, como, por ejemplo, la de que fue Dios quien te envió la enfermedad, o que tu caso no tiene curación, o que debes sufrir por amor a Cristo, o que necesitas pagar por tus pecados. Elimina todas las creencias perjudiciales que impiden tu disponibilidad para la recuperación.

Si pensabas que Dios te enviaba las enfermedades, te estabas engañando. Dios no envía enfermedades a nadie. Somos nosotros mismos quienes creamos nuestras propias enfermedades. Es la Ley de Causa y Efecto.

Convéncete de que la enfermedad es un mal, y un hijo de Dios no hace pactos con el mal.

Cuando, una vez, un hombre dijo a Jesús: «¡Si quieres, puedes curarme!», el rabí respondió inmediatamente: «¡Quiero! ¡Sé curado de tu mal!».

Una vez, al desembarcar en Carfarnaún, Jesús encontró a la suegra de Pablo con fiebre en la cama. El Nazareno reprendió a la fiebre y le pidió que abandonara a aquella mujer. Inmediatamente, desapareció la fiebre y la mujer se levantó y fue a servir a los discípulos de Jesús.

Si estás enfermo, busca la curación por cualquier vía. Todas las vías benéficas que te puedan conducir a la salud son válidas, ya sea a través del camino de la medicina convencional o a través de otros métodos de curación. Generalmente, la suma de todos los métodos positivos es la mejor forma de vencer la enfermedad. Un soldado solo puede conseguir mucho, pero un ejército, aún mucho más.

No desprecies el camino de la fe.

10

El camino de la curación a través de la palabra

Un día, alguien vino a decirme que estaba padeciendo mucha sed. Empecé a explicarle que…

Pero él me interrumpió, diciendo:

—Es que mi sed es un problema antiguo, pero ahora se ha agravado aún más. Es una tortura. ¡Ya no sé qué hacer!

Le dije:

—Está bien. Para resolver su problema, tengo un remedio muy…

—Pero, no me está escuchando… Se ha agravado porque este problema no es tan sencillo. Mi abuelo ya sufría de esta enfermedad. Mi padre también la tenía. Creo que es diabetes porque la sed que siento es algo atroz. ¡Dudo de que exista alguien en el mundo que sufra tanto como yo!

—Tengo el remedio. Es muy sencillo y se lo diré en dos palabras…

—No, no es tan sencillo. Hace muchos años que mi vida es una tortura. He perdido la alegría de vivir. No me siento bien en ningún lugar, sólo por culpa de este problema.

—Pero –intenté decirle–, le quería decir que…

—No diga nada porque no sirve. Estoy condenado a sufrir para siempre.

Cuando finalmente me dejó, acabé mi frase:

—Pues bien, para saciar la sed, tome este vaso de agua.

Lo mismo sucede con mucha gente. Parecería que siguen aquel lema ingenioso que dice: «¿Si lo podemos complicar, para qué lo vamos a simplificar?».

Un día, recibí una llamada de Minas Gerais. Era una señora que acababa de leer uno de mis libros, *El poder infinito de tu mente*. Estaba en una situación mental terrible y bajo tratamiento psiquiátrico. Muy afligida, me decía, que ya no sabía qué hacer, que estaba desconsolada, que tenía la tensión alta debido a una serie de problemas que interferían en su vida.

Le pregunté:

—¿Qué es lo quiere de la vida?

—¡Ah, es un drama! Soy viuda... Mis familiares... ¿Sabe?, últimamente, ¡no sé lo que me pasa!

—Pero ¿qué es lo que quiere?

—La señora siguió hablando, enrollándose y haciendo las cosas aun más complicadas.

Yo esperé pacientemente la oportunidad para hacer un inciso y definir la solución.

No es el conocimiento del problema lo que lo resuelve, sino el de la solución. Cuando una persona sabe cuál es la solución, ya ha recorrido la mitad del camino. A partir de ahí, basta con visualizar la solución. Puesto que todo lo que el subconsciente acepta como verdadero, lo ejecuta. O, como dijo Jesús: «¡Pedid y recibiréis!».

Sin embargo, la señora siguió hablando y hablando, diciendo que el problema venía de muy lejos y que los familiares no la comprendían.

—¿Y qué es lo que quiere usted?

—Pues mire, me siento desanimada, estoy a punto de perder las fuerzas…

—¿Pero qué quiere que pase en su vida para que su problema se solucione?

—Ah, ya no creo en nada. Todo me sale mal. Nadie me comprende…

Finalmente, pedí la palabra y le dije con todo el cariño:

—Disculpe, pero deje de enrollarse en su problema. Deje de decirnos a mí, a su padre, a su abuelo, a su amiga, a su confesor y a su médico siempre la misma cosa. ¿Quiere saber la solución? ¿Quiere que se solucione? Entonces, piense en la solución y no en el problema.

—Me siento sola y quiero tener un amor en la vida –confesó ella.

—Ahora sí, ha dado el primer paso para salir de esta situación, porque ha dicho cuál era la solución para su sufrimiento: «¡Quiero tener un amor en la vida!» El Poder no actúa si no hay nada sobre lo que pueda actuar. Si habla de desánimo, tristeza, soledad y falta de compañía, está afirmando y reforzando esa realidad negativa. Está usando el poder de la palabra para consolidar su problema y no para resolverlo.

Al decir que desea tener un amor en la vida, ha cambiado el patrón de pensamiento y su subconsciente tiene algo sobre lo que trabajar para su beneficio.

Como el subconsciente no distingue entre pensamiento y realidad, y no establece una diferencia entre la imagen y la realidad, le aconsejé que visualizara el amor de su vida:

«Estoy atrayendo al verdadero amor de mi vida. Abro mi corazón hacia mi amor. A partir de ahora, nos ama-

mos, somos sinceros y nos entendemos perfectamente. En casa, todos son felices con nuestro amor y con el matrimonio. Sé que la Ley del pedir es la Ley del recibir, por eso, a partir de ahora estoy en paz, alegre, optimista, y dejo que la Sabiduría Infinita me conduzca al verdadero amor de mi vida. Soy ahora como un gran imán que atrae a la persona que me ama. Nuestros corazones están sintonizados y nuestro encuentro está preparándose. Doy las gracias a Dios y a ti. Así es y así será».

Ahí estaba el remedio, la solución, la curación.

La palabra es la fórmula, el poder está en el contenido de la palabra. Ésa es la clave del secreto, ya la sabes.

Hay personas que dicen una cosa y creen otra.

Esa palabra es hueca el núcleo está en la palabra contraria.

Cuanto más se queja una persona, más refuerza esa realidad.

¿Acaso crees que si conoces la causa de tus problemas puedes curarte?

No te curas. Pero añades un problema: sabes cuál es la causa.

Te curas de tus problemas cuando los borras de la mente, cuando los sustituyes por la visualización de la solución. Entonces sí, en tanto que aparece una nueva realidad en tu mente y se inicia el proceso de curación.

Tu palabra determina tu vida.

¿Estás triste?

Visualiza la alegría.

¿Qué más quieres?

Al sembrar la solución en la mente, cosecharás la solución en la realidad. ¿Cómo funciona esto?

La Sabiduría interior te indicará el camino.

De la desgracia al éxito

Hay un dicho que dice: «Una desgracia nunca viene sola». De hecho, este refrán tiene un fundamento. Para aquellos que no saben usar la mente, una desgracia tiende a crear un rosario de desgracias. Observa cómo se crea ese fenómeno: algo no salió bien y, por eso, te pones triste. Mientras tanto, sigues alimentando la tristeza, que entonces se agranda y se convierte en una depresión. El estado de depresión provoca desánimo, baja el nivel de energía física y mental, afecta la tensión, da lugar a microbios, virus y bacterias. Y, finalmente, aparece la enfermedad.

—¡Madre de Dios! –exclamarás–. Tristeza, depresión, enfermedad, ¡parece la conspiración del mal!

—Una desgracia trae la otra. Pero eso todavía no es todo. Tus negocios también empezarán a decaer porque la mente negativa y el estado abatido producen un aura revulsiva y los clientes se sentirán mal en tu presencia. La falta de voluntad y de energía reducirá la productividad. Frente a ese panorama, tú exclamarás: «¡Qué mala suerte tengo! ¡Todo me sale mal! ¡Dios se ha olvidado de mí! ¡Hasta la gente me huye!».

¡Nada de eso! Cambia de pensamientos y todo cambiará. El pensamiento es energía y la energía crea el aura.

Son tus pensamientos negativos los creadores de esta situación calamitosa.

Ahora, tus pensamientos positivos crearán una nueva situación de alegría, salud y éxito.

Cambia tus sufrimientos por alegría y salud

Cuando imparto cursos por el mundo, pongo siempre un buzón de sugerencias para que la gente pueda escribir sus preguntas, y, en los espacios reservados para eso, abordo las cuestiones planteadas.

Al dar el primer curso en Aracaju, surgió esta pregunta inusual:

«¿Cuál es la finalidad del ser humano en la Tierra?

¿Para qué estamos aquí en la Tierra?».

Está claro que no respondí que la criatura humana está aquí, en este planeta, para sufrir a fin de entrar en el cielo. Tampoco dije que a Dios le agradan la renuncia, el sacrificio y la penitencia.

La finalidad del ser humano es realizar su esencia. ¿Y cuál es la esencia humana? Ser feliz. Sí, porque tenemos nuestro origen en la Felicidad Suprema, nacemos felices para ser felices. Esta tierra es nuestro paraíso terrestre. Aunque ya abordé este asunto, nunca está de más repetirlo. Es la Ley del «Llamad y se os abrirá».

Camina cantando por los lugares floridos y bendecidos de este paraíso. Vive alegre y feliz en este mundo maravilloso. Así, estarás cumpliendo a la perfección tu destino divino y contribuyendo a la felicidad de todos.

Cuanto más cerca de Dios te sientas, más feliz serás. Aunque, espera un poco: sentirse junto a Dios no quiere decir pasar la mayor parte del tiempo en la iglesia rezando mil avemarías al día o azotarse dos veces a la semana, como algunos pensarán.

Sentirse junto a Dios es contemplarlo en la belleza y en el perfume de las flores; es disfrutar del trinar de los pájaros, emocionarse por el nacimiento del sol una mañana radiante, lucir sonrisas y decir palabras dulces; sentir la paz de los lagos, la calma de los campos, la grandeza de las montañas, el encanto de la puesta del sol, la inocencia de los niños, el cariño de los que aman, la bondad de quien cuida de un paciente, la generosidad de los que abominan la mezquindad, el perdón de quien erró y el milagro de cada día.

Las personas alegres, sanas, felices, bondadosas y amigas, están mucho más en comunión con Dios, profesen o no una religión, que aquellos que pertenecen incluso a las más altas esferas de una religión y permanecen tristes, intolerantes, inflexibles y crueles. Dios es el Bien, y en el Bien no hay lugar para la rebelión, ni la intolerancia, ni el fanatismo.

Si, a pesar de esto, estás incurriendo en estos males, no pierdas más tiempo, autocompadeciéndote y culpabilizándote. Reza la oración de la alegría, de la comprensión, de la bondad, de la felicidad, y la Luz Divina volverá a brillar con toda intensidad en tu corazón.

Si estás sufriendo, reza la oración de la paz, la calma, la salud y la solución. Como pasa con cualquier oración verdadera, es infalible: recupera la paz, la calma, la salud y la felicidad. Y, de esta forma, entrarás en una hermosa comunión con Dios.

Pero ¿qué es una oración verdadera? ¿Dónde está el secreto de esa oración verdadera? El secreto está en la fusión entre la palabra y su contenido. Ésta es la clave del secreto.

Lo que creas mentalmente empieza a existir

A través de la vía mental cambiarás el rumbo de tu vida. El sendero de la vida nace en tu corazón. La primera estación es tu corazón.

Lo que tú creas en la mente ya empieza a cobrar existencia. Cualquier cosa que quieras que exista en tu mundo mental, espiritual, físico y material, debe, sobre todo, acontecer en la mente. Primero, el pensamiento, después, la realidad. Tu mente empuja el convoy universal.

Como sabes, el pensamiento es una realidad mental que se vuelve realidad física. El pensamiento se materializa a través de la solidificación de la energía mental. El pensamiento es la substancia, la materialización, la forma. Para usar una comparación, el pensamiento es el H_2O que compone el agua.

En palabras de Andersen, el escritor: «El pensamiento hace la forma; el pensamiento hace las cosas». Por tanto, una vez que sabes lo que quieres, creas mentalmente la realidad deseada. Forma un cuadro mental, visualizando la realización rápida y completa. Detente un poco, calma la mente, relaja y crea la oración o la visualización de tu deseo.

Empieza ahora a tener salud

Para curarte de tu enfermedad, empieza a visualizar tu salud.

Antes que nada, limpia tu mente de todo el mal: perdónate a ti mismo, perdona a los demás, pide perdón a Dios y a las personas que has ofendido. Pronto, si no te retractas, desaparecerá la causa de la enfermedad.

Ahora te liberarás de todos los males y problemas. Estás preparado para acabar con todo el sufrimiento.

No te preocupes por saber CÓMO llegarás a la solución. Invoca a la Sabiduría Infinita, que habita en tu interior. Ella conoce la solución. Pídesela al Padre, que habita en el interior de tu ser, y todo sucederá de manera admirable.

Recuerda que el recibir depende del pedir.

«Si pides» –dijo Jesús– «recibirás». Sea lo que sea.

Concéntrate ahora en ti mismo. Desciende al lugar más calmo y profundo de tu mente y, en este estado de oración y de gracia interior, reza la plegaria de tu deseo y la oración de la curación. Y da las gracias. En el revés de la petición, está el acto de recibir. Estás preparado para tu milagro. Cree.

Visualiza la salud

Visualiza todo tu cuerpo intensamente iluminado por la Luz Divina de la curación. Ahora, habla mentalmente con el órgano iluminado: dile que está todo bien y que no hay razón para sufrir. Dile que hay una comunión de amor y salud entre tú y el órgano afectado. Habla cariñosamente con esta parte del cuerpo, sugiriendo y determinando la salud, y da las gracias ahora, puesto que el órgano empezará a funcionar correctamente, en el justo y recto orden divino. Si tienes que tomar algún medicamento, di mentalmente a tu órgano: «Mira, amigo, te ayudaré a recuperarte lo más deprisa posible; por eso, tomaré este remedio. Pongo en él toda la energía de Dios y del universo. Dará los mejores resultados».

Mantén la visualización de tu órgano iluminado, perfecto y funcionando a las mil maravillas.

Repite esto varias veces al día. De ahora en adelante, tu órgano reaccionará cada vez mejor.

El proceso de la curación ha empezado.

11

Deja de tener insomnio

Dios creó el sueño y tú creaste el insomnio.

Después de la intensa actividad del día, necesitas descansar para recuperar la energía. Para eso, Dios creó el sueño. El sueño es la perfecta terapia natural. Cuando no duermes la cantidad de horas suficiente, estás yendo en contra del orden natural de la vida y las consecuencias son fatales.

Uno de los grandes problemas que existe actualmente es que la gente, después de un día de mucha actividad y tensión, no descansa por la noche, sufre de insomnio y se levanta al día siguiente aun más cansada, irritada y nerviosa. Este desgaste se va sumando cada día y provoca estrés.

El insomnio conduce al estrés y el estrés conduce al insomnio. Es un círculo vicioso de dolencia.

Una de las causas de tu insomnio puede residir en el hecho de ir a la cama en un estado de irritación, odio, rabia, pena o agresividad. Mientras la controversia inunde tu corazón, te quedarás despierto.

Otra posible causa del insomnio es mantener en la cama la costumbre de recapitular las complicaciones del día, hacer cuentas, calcular y planificar. Así, tu cerebro se mantendrá en plena actividad e impedirá el sueño. También se puede dar el caso de que uno se quede dando vueltas a los malentendidos, las ofensas, daños o problemas en las relaciones. De este modo, también será difícil conciliar el sueño. El insomnio no paga deudas, ni resuelve problemas. Éste es el primer motivo para dejar atrás las preocupaciones y dormir un sueño saludable. Piensa que no hay nada como un día detrás de otro y una noche en el medio.

Lo peor del insomnio es que, en el silencio de la noche, los problemas suben el volumen y asustan más. Crea una oración para agradecer el día con todos sus acontecimientos, y pide la bendición divina para levantarte por la mañana con perfecta salud y la solución de los problemas. Que duermas bien.

Qué hacer para dejar de tener insomnio

¿Quieres acabar con el insomnio?

Ignóralo. Dale la espalda. Haz cualquier otra cosa. Rehúsa recibirlo en tu cama. Lo que más quiere el insomnio es pelearse contigo. Ignóralo. Enciende la televisión, reza o lee un libro aburrido de esos que dan sueño.

Yo duermo de cualquier manera: con la luz encendida o apagada, con la televisión encendida o apagada. Me pueden despertar mil veces: enseguida me vuelvo a dormir. A veces ¡hasta me gustaría tener un poco de insomnio para poder leer algo o ver un buen programa en la tele! Tú, que sufres de insomnio, tienes esta ventaja. Aprovéchala. No te atormentes por la falta de sueño, quita la mecha de la bomba y disfruta del tiempo de vigilia.

Si estás tenso, lo primero es relajar y calmar la mente, pues sólo así conseguirás bajar el ritmo cerebral hasta llegar a los niveles del sueño.

Un buen método consiste en dirigir la atención a cada parte del cuerpo y decirle, silenciosa y monótonamente, que se relaje.

En seguida, se calmará la mente, después se inundará el cuerpo de amor.

Piensa en algún acontecimiento agradable. Por ejemplo, transpórtate mentalmente a un lugar pintoresco, poético, e imagínate que estás disfrutando del ambiente.

O haz una autosugestión: «Ahora tengo sueño, tengo mucho sueño. Me estoy durmiendo, me estoy durmiendo».

Concéntrate sólo en estas palabras. No te preocupes si la mente, de vez en cuando, vuelve a los problemas. Sigue con la autosugestión: «Tengo mucho sueño, mucho sueño…».

Si surge el recuerdo de una persona con la que te has peleado, di mentalmente: «Te bendigo. Todo está en manos de Dios. Él pondrá la verdad y el amor en tu corazón; nos reconciliaremos y nos llevaremos bien en el justo y recto orden divino. Te perdono y estoy perdonado. Sé que Dios está en tu interior y, por eso, me harás justicia. Ahora estoy tranquilo, tengo sueño, mucho sueño».

Si, por algún motivo, estás pasando miedo, reza este salmo de la Biblia:

«El Señor es tu refugio y no ha de tocarte el mal, ni desgracia alguna llegará hasta tu tienda. Pues tiene Él a sus ángeles mandado que te guarden en todos tus caminos». (90, 9-11)

Visualiza a los ángeles en todos los rincones de tu casa.

Y sigue repitiendo en tono monótono: «Estoy tranquilo, tengo sueño, mucho sueño…».

La razón por la que la gente no consigue dormirse es que piensa: «No consigo dormir. No lo consigo, nada sirve». Esta afirmación es una verdadera programación mental. El subconsciente, que obedece literalmente, intentará cumplir la orden, haciendo que no pueda conciliar el sueño.

Cambia de pensamiento: «Hoy conseguiré dormir, y tendré un sueño sereno y reparador».

Al acostarte y cerrar los ojos para dormir, piensa: «¡Gracias, Señor, por este día que viví! ¡En tu corazón hermoso me duermo ahora tranquilamente y me levantaré por la mañana con perfecta salud y feliz!».

No te preocupes si despúes no te entra el sueño de inmediato; basta con estar totalmente relajado, con la mente vacía y, así, ya estarás disfrutando de los beneficios del sueño. Incluso sin dormir.

Hay enfermos que, por la noche, no consiguen conciliar el sueño, tal vez por miedo de que pueda suceder algo desagradable. Para vencer este miedo, di mentalmente: «Ahora tendré un sueño perfecto, saludable, revitalizante y reparador. Pongo mi vida bajo la guardia y protección divinas; por eso, dormiré un sueño profundo y regenerador, y me levantaré, por la mañana, descansado y con ánimo».[1]

Relájate y duerme tranquilamente.

Conozco personas que no duermen por la noche, porque siguen pensando en los compromisos del día siguiente. Abandona esta costumbre absurda. Acuérdate del dicho que dice: «Tristezas no pagan las deudas». La mejor forma de pagar las cuentas al día siguiente es durmiendo bien por la noche, porque así te levantarás con fuerzas, lleno de energía y tendrás la bendición divina para encontrar la solución deseada. ¿Recuerdas que ya hablé sobre eso?

Jesús dijo a los que se preocupaban por el día siguiente:

«No andéis pues acongojados por el día de mañana; que el día de mañana harto cuidado traerá por sí; bástale ya a cada día su propio afán». (Mateo 6, 34).

¿Tienes que resolver o pagar algo? Visualiza la solución y el Poder Divino vendrá en tu socorro. Entonces, duerme en paz y feliz.

Toma una pastilla divina

Una vez, un señor me dijo que sólo podía dormir tomando pastillas. Millones de personas toman pastillas para dormir y, a menudo, acaban por no poder dormir precisamente a causa de las pastillas. No vuelvas a decir que sólo duermes con pastillas, porque ésa también es una orden que tu subconsciente cumplirá.

Di mentalmente: «La noche fue hecha para dormir. Mi cuerpo y mi mente quieren dormir ahora; por eso, ya no necesito las pastillas. Tengo mucho sueño. Tengo mucho sueño. Me duermo con toda facilidad. Tengo sueño, mucho sueño…».

Imagínate una pastilla mental divina, hecha por Dios para que duermas y tomes mentalmente esa pastilla divina. Y di: «Ahora tengo sueño, mucho sueño. Un sueño irresistible…».

Y repite monótonamente la palabra *sueño*: sueño, sueño, mucho sueño.

¡Que duermas bien!

En este momento, toma la determinación de que dormirás todas las noches un sueño natural, tranquilo y bendito.

Sé que hay muchas personas que padecen insomnio y, por eso, grabé un CD para ayudarles a conciliar un sueño rápido, saludable, natural y benéfico.

Ahora sabes qué es lo que tienes que hacer para dormir bien todas las noches.

La noche está hecha para dormir. Duerme.

Piensa que es fácil y será fácil. Duerme.

Una señora me contó que tenía que tomar todas las noches por lo menos tres pastillas para dormir. Fue disminuyendo poco a poco la cantidad, hasta conseguir dejar que el sueño le llegara de forma natural.

Todas las noches el sueño te espera. Cariñosamente. No lo expulses, ni lo importunes. Abre las puertas de la mente, del cerebro y del corazón, e invita al sueño a que entre con amor y buena voluntad.

Niños, hombres, mujeres, jóvenes y ancianos con problemas de insomnio graves pasaron a dormir maravillosamente bien, gracias a una simple autosugestión u oración, bebiendo un poco de agua energizada o escuchando un CD de relajación para dormir. Tú también puedes. Di que puedes. Piensa que puedes.

Y ahora da las gracias al Señor y al sueño, porque tanto uno como otro son tus amigos muy queridos.

¡Felices sueños!

12

La oración que cura

La oración siempre ha existido.

Es inherente al ser humano buscar el contacto con su Creador.

Es natural ver al Creador como un Ser amoroso, poderoso, bondadoso y misericordioso, y buscar en Él refugio y acogida.

La relación entre Padre e hijo es instintiva.

Es natural el hábito de conversar entre dos personas que se aman; en este caso Dios y tú.

Es un impulso natural del corazón querer elogiar al Creador por las espléndidas maravillas del universo y rebosar de gratitud por tantos beneficios que hay a nuestra disposición.

A esto se le llama oración.

Oración es tu palabra afectuosa, sincera, amorosa y agradecida, dirigida a Dios.

Oración es tu súplica, tu petición y tu llamada al Padre.

Oración es hacer llegar tus cariñosas palabras al corazón del Creador.

Oración es el contacto íntimo con el Ser más amoroso.

Oración es la actitud de respeto y humildad ante el Infinito.

Oración, en ciertas ocasiones, es el grito del ahogado, del enfermo, el grito de socorro, la voz del perdido, la esperanza del fracasado o el clamor del hambriento.

Oración, en todos los casos, es el diálogo entre la criatura y el Creador.

No ores simplemente por orar; Dios no tiene tiempo para palabras vacías.

Si no cruzas palabras sin sentido con la gente, ¿por qué lo haces con Dios, como si Él fuera menos inteligente?

¡Que tu plegaria nazca del corazón, expresando tus sentimientos y deseos, y que cree un contacto amoroso, sincero e íntimo con el Padre celestial!

¿Estás enfermo?

Reza la oración para la curación. Pide la curación. Visualiza la curación, confía en que el Padre está tiernamente inclinado sobre ti para escucharte atentamente y atenderte.

Repetiré esta cita de Jesús: «Y tú, cuando hubieres de orar, entra en tu aposento y, cerrada la puerta, ora en secreto a tu Padre, y tu Padre, que ve en lo secreto, te recompensará». (Mateo 6, 5-14).

Cuando te sugiero crear una frase, una jaculatoria, una oración, y repetirla muchas veces, obviamente, no es para convencer a Dios, ni porque Él tenga dificultades para entenderte, sino para convencerte a ti mismo de lo que estás diciendo y pidiendo, y para facilitar la introspección. La oración repetitiva es como el mantra de los orientales: abre la vía de la interiorización.

Si tienes fe en lo que estás diciendo, si crees firmemente en la verdad de tu oración, basta con decirla una sola vez. Sin embargo, si no existe esta fe absoluta, repetir es un método eficaz para convencerte y aceptar la oración como verdadera.

Siempre que exista una fusión mental entre tu pensamiento y el contenido de la oración habrá fe. Y la fe realiza la palabra. Ya has descubierto que ésa es la clave del secreto.

Acuérdate de que el apóstol Santiago escribió en una carta a los hebreos: «Y la oración de la fe curará al enfermo».

Puedes repetir tu oración, sabiendo que no es para obligar a Dios, sino para consolidar tu fe en la realización de tu palabra.

La oración para obtener un resultado

Tal vez hayas desistido de rezar, porque piensas que tus oraciones caen en el vacío y no tienen efecto alguno. ¿Cuándo se obtiene el resultado de la oración? Te facilitaré los pasos. Síguelos y tendrás la certeza absoluta de que tu oración será aceptada y atendida.

Primer paso de la oración: Entra en contacto con Dios

Antes que nada, define para ti mismo lo que le quieres decir a Dios. Entonces, siéntete en la presencia del Infinito: imagínate el Padre celestial esperando su nacimiento en ti. Preséntate ante Él, tal como eres, y establece el diálogo.

Puesto que nunca nadie ha visto a Dios, la imaginación es la única manera de situarlo delante de ti, en el altar, el tabernáculo o en el trono del Altísimo. El nombre que darás al Creador es el que tiene que ver contigo y con tu fe.

Cuando hablas con Dios a través de una imagen, estás siguiendo la tesis filosófica y teológica según la cual se llega a La Causa Primera por medio de las causas segundas. Así, mediante la imponente obra de la creación, puedes llegar al Creador.

Es evidente que cuando rezas delante de una imagen, no le estás hablando a esa imagen, a ese papel o yeso, sino a la persona divina representada en ese material visible.

A través de lo visible te transportas a lo invisible. Si ves, sin embargo, que estás adorando el papel, la madera o el mármol, como los paganos, entonces estás con la mente orientada hacia la materia, en vez de concentrarte en el significado representado.

El uso de la imaginación es un camino espiritual legítimo. También cualquier palabra se manifiesta en tu mente a través de una imagen. Si piensas en un limón, por ejemplo, instantáneamente, te surge la imagen del limón. La palabra es la imagen.

Segundo paso: Entabla el diálogo con Dios

Estás delante de un Padre amoroso. Él quiso que tú existieras y, por tanto, eres fruto de su amor. Así, inicia la conversación de forma afectuosa, cariñosa, con tus propias palabras. Aunque Él lo sepa todo, cuéntale tu problema, pídele la ayuda del Poder Infinito para tu salud, con la certeza de que serás atendido. Al final, da las gracias, muy feliz. Sí, da las gracias ya ahora. Fue eso lo que aseguró Jesús al decir:

**«Todo cuanto pidiereis
en la oración,
si tenéis fe,
lo alcanzaréis».**

Fíjate: la palabra *fe* es la clave del secreto. Significa que hay una fusión entre la palabra y su contenido. Entre la envoltura y la esencia.

Cuando te dispongas a emprender ese tipo de oración, no te distraigas, ya que estás extrayendo de tu corazón el contenido de tu diálogo.

La distracción aparece con más frecuencia cuando lees alguna plegaria o cuando repites oraciones comunes. Pero la plegaria íntima, que nace del amor, de las necesidades, ansiedades y deseos del alma, esa no deja espacio para otro tipo de pensamiento aleatorio.

Tal vez pienses que no hacefalta que le hagas ninguna petición a Dios porque Él sabe lo que tú necesitas. Pero no funciona así. Jesús fue muy claro cuando enseñó la Ley del Pedid y Recibiréis. Sin pedir no se recibe. La palabra debe anticiparse al hecho. Primero la palabra, después la realidad.

—¡Pero Él sabe lo que yo necesito! –insistirás.

Sin duda. Pero, como dio a todo ser humano el don de la libertad, actuará sólo en respuesta a la petición.

¿Quieres la curación?

¡Pídela!

«Y la oración de la fe curará al enfermo».

¿Por qué Jesús curó a los leprosos, los ciegos, los paralíticos y otros enfermos?

Porque lo pidieron.

He conocido gente que rezaba sólo para poder soportar sus males y dieron sus sufrimientos como ofrenda para la salvación de la humanidad. En esta oración, no hay petición de curación ni de alivio. Si deseas la curación, debes pedirla; si quieres el alivio, pide el alivio. El apóstol Juan escribió, en una de sus cartas:

«Y sabemos que nos ha otorgado
cuanto le pedimos,
en vista de que logramos
las peticiones que le hacemos».
(1 Juan 5, 15)

«Recibiremos lo que pedimos». Especifica lo que deseas. Pide. Pide con fe. Cree en la respuesta divina. Usa la clave del secreto.

Antes que nada, ora por ti

Hay personas que sólo oran por los demás. Incluso se acuerdan de los desafortunados en Irak, en Afganistán u otro país agitado por conflictos. Se olvidan de sí mismas.« La caridad empieza por uno mismo» –dice un viejo refrán. Tu prójimo más próximo eres tú. Crea una oración de acuerdo con tus necesidades. Pide lo mejor de lo que deseas en la vida. Pide todo lo que quieras, y no tengas miedo: el depósito divino es infinito.

Tercer paso: Ten fe

Sólo para reforzar lo que se ha dicho arriba: es preciso creer que cualquier oración verdadera se cumple. Decía Jesús que es menester:

**«creer firmemente
en la realización de tu palabra».**

Creer firmemente es la clave del secreto. Recuerda por qué.

Si rezas la oración para la curación pero piensas que no hay forma de salvar la situación, lo que tendrá más fuerza será tu creencia en la imposibilidad de la curación.

Si tu mal es un cáncer y compartes la opinión del médico de que tu caso no tiene curación, esa es tu verdad.

Si ves que estás perdiendo fuerzas a ojos vistas, y que vas al hospital cada vez más a menudo, y que te desanimas cada vez más porque crees que no sirve de nada, así es y así será.

Frente a cualquier situación, repite para ti que la fe mueve montañas, cura enfermedades, obra milagros, lo alcanza todo y vuelve posible lo imposible.

Sigue esperando a pesar de toda la desesperación.

Piensa que tú y Dios sois más grandes que cualquier mal.

Actúa mentalmente como una persona curada.

Y empieza a reaccionar físicamente como lo haría una persona curada que está recuperando sus fuerzas, pues tu actitud equivale a una orden para que la mente crea que así es y así será.

La fe es una ley. Dios actúa en ti a través de Leyes, y no arbitrariamente.

Decir que rezar la oración para la curación no es bueno porque es como si obligaras a Dios a hacer un milagro, es una idea insostenible.

Si tienes sed, al beber agua no estás obligando a Dios a saciar tu sed. Hay una ley natural, estipulada por el Creador, según la cual el agua sacia la sed.

Hay personas que sostienen que Dios concede la curación sólo a las personas que Él pretende curar. Si esta tesis fuera correcta, algunos serían unos privilegiados y otros no. Ante Dios, todos somos iguales, por tanto, no hay privilegiados. ¿Por qué habría que atender a Pedro y no a María?

Cualquier oración hecha correctamente, sin importar de quién provenga, si de un ignorante o de una persona culta, de un negro o de un blanco, de un rey o de un mendigo, de un cristiano o de un judío, es atendida.

Cree que Dios siempre escucha tu oración.

Jesús dijo:

**«Todo lo que pidiereis con fe,
en la oración,
lo alcanzaréis».
El rabí también reveló:
«Todo lo que pidiereis
en mi nombre,
lo haré».
Y: «Cuando oréis,
creed que habéis alcanzado,
y alcanzaréis».**

Es todo evidente. Muy evidente. No existe fallo alguno en la oración que obedece a la Ley divina, universal y humana.

Si la oración no fue atendida, es porque tú fallaste. O no fuiste claro y preciso, o no tenías la convicción suficiente. El error no reside en el tipo de petición, sino en tu falta de fe. Si no tienes fe, has confundido la clave.

Rituales de curación

Existen muchos rituales de curación. La finalidad es positiva, pues los rituales son señales sensibles y visibles de una realidad invisible. Los rituales actúan para mucha gente como detonantes de fe.

Muchos hacen peregrinaciones a santuarios, pues creen en los milagros que allí suceden. Otros emprenden caminatas de oraciones para obtener la salud.

Algunos más se prestan a actos de caridad para ganarse el favor de Dios.

También hay personas que recorren un trayecto de rodillas para conseguir su milagro.

Los hay que queman incienso y encienden velas mientras oran.

Realmente, todo aquello que es bueno y hace bien es válido. Cualquier acción positiva que aumente la fe también es válida.

Está claro que el sacrificio y los rituales no tienen la intención de conmover a Dios, sino más bien de fortalecer la fe de la propia persona. El milagro es fruto de la fe.

Cuarto paso: no desistas

Hay personas que piden la solución de un problema y, después, siguen dándole vueltas al problema.

Y así, van y vienen, van y vienen. Esta gente nunca alcanzará lo que pretende, porque sigue anclada en el mismo lugar. No debes volver atrás.

Si has creado la salud en tu mente, ya has entrado en las frecuencias de salud y no puedes retroceder.

El propio Jesús ya dijo: «Nadie que, después de haber puesto su mano en el arado, vuelva los ojos atrás, es apto para el reino de Dios». Ya he citado este pasaje. Si tú pides algo y después retrocedes, el Poder no se manifiesta. Y para que las personas se den cuenta de que esto es muy importante, Él dijo, en otra ocasión: «Vigilad y orad que no entréis en tentación».

Vigilar y orar para no entrar en la tentación de volver a recordar los males y sufrimientos del pasado.

Vigila. Procura no regresar al estado mental negativo.

Quinto paso: da las gracias

Último paso: cuando sepas lo que quieres, cuando desees realmente lo que pides en tu oración y creas que se cumplirá, crea en tu mente la imagen y no vuelvas atrás :entonces sucederá. Infaliblemente. Ahora, sólo te falta hacer una cosa: agradecer. El agradecimiento es una actitud delicada, propia de una persona consciente.

La gratitud, a su vez, refuerza la fe. Por el hecho de agradecer, tu mente concluye que todo sucederá de acuerdo con tu deseo.

La petición y el agradecimiento son las dos caras de una misma realidad.

Agradecer es propio de personas sabias y nobles, como tú.

13

Cura la miopía mental

Un mal que afecta a mucha gente es la miopía mental.

Miopía mental es tener dificultad para ver la realidad.

Miopía mental es no ver la esencia, sino sólo la superficie.

Miopía mental es tener una visión desenfocada de uno mismo.

Sufren de miopía mental los individuos que se detestan a sí mismos, que se creen incapaces, que no confían en sí mismos y que sólo advierten sus desaciertos y fracasos.

Los deprimidos sufren de miopía avanzada.

Los desesperados están casi ciegos.

¿Cómo llegan a tener miopía mental?

¿Por qué no vislumbran la verdad y la realidad? Se definen a sí mismos por la ropa que visten. Creen que son lo que les acontece. No tienen ojos para trascender los hechos visibles.

Cuando **están** tristes, piensan que **son** tristes.

Cuando están deprimidos, caen en el desánimo, como si ésta fuera la única realidad existencial.

Cuando se sienten solos, se desmoronan por la propia soledad, y creen hallarse en el fondo de un pozo.

Muchos de aquellos que sufren no consiguen ver más allá de sus problemas.

La miopía mental es una enfermedad que necesita urgentemente unos primeros auxilios psicológicos.

La miopía mental hace que se vea todo distorsionado, que se condene al mundo, que se sienta uno víctima, que se rebele contra su propia situación y viva amargamente.

Pero, sólo existe el problema porque existe la solución. Todo tiene curación.

La curación de la miopía mental

La curación de la miopía mental y de las cataratas espirituales consiste en retirar la aureola que impide ver la dimensión grandiosa del ser humano.

La verdad humana no es la tristeza, la depresión, la soledad, el desánimo, el desamparo, el abandono y el fracaso. Eso es sólo una interpretación y una vivencia de las situaciones que consideramos desagradables, perniciosas y causantes de sufrimiento.

Los incidentes del camino no son una verdadera realidad. Si alguien se cae y se rompe una pierna, no por eso se definirá al ser humano como la criatura de la pierna rota. No ver más allá de la pierna rota es miopía mental.

Si tener una pierna rota formara parte de la normalidad de la existencia humana, cualquier persona nacería con una pierna rota y tendría el hábito natural de cojear.

Para la cirugía que cura la miopía mental y las cataratas espirituales se utiliza el bisturí de la sabiduría. El conocimiento de que el ser humano está inmerso en la dimensión del infinito, pase lo que pase, irá, poco a poco, abriendo los ojos de la mente.

Cualquier ser humano es hijo de Dios y, por tanto, es esencialmente bueno, feliz y sano.

Los acontecimientos son meros episodios que ayudan a mejorar cada vez más el desempeño existencial.

Siendo así, reflexiona sobre tu realidad trascendental.

Usa el poder de la palabra para curar ese mal, que te causa tanto sufrimiento.

Di para ti mismo:

«Yo soy un hijo de Dios perfecto, creado a la imagen y semejanza divina. En mi verdadera realidad soy perfecto. Encaro los incidentes de la vida como meros episodios que no afectan mi esencia divina. Mi poder se manifiesta a través de la palabra, por eso, ahora determino que se exprese en mí la alegría, la paz, la felicidad, el amor, la autoconfianza y la salud física, mental y espiritual. Doy las gracias al Creador que así me creó, de una parcela de sí mismo, y que me dio su poder y sabiduría. Así es y así será».

¿Cómo te ves a ti mismo?

Ahora, te pregunto: ¿Qué imagen tienes de ti mismo? ¿Te gustas? ¿Te gusta estar en tu propia compañía?

Si te consideras una persona fea, decaída interiormente, demolida espiritualmente, inútil o inferior, es porque tus ojos mentales no ven bien. O peor aun, están cerrados.

Abre los ojos del alma.

Hoy en día, se habla mucho del mal de la soledad, que corroe a la gente y le quita la alegría de vivir. Muchos piensan que la curación de la soledad consiste en mezclarse con la multitud. Piensan que basta con meterse en el medio de la gente para dejar de sentirse solitarios. No es así. Cuando tú convives con otras personas, no estás solo, pero puedes llegar a sentir la soledad. Tú sólo te curarás de este mal si te gustas a ti mismo, si amas a esta criatura maravillosa que eres. Si te gustas a ti mismo, estarás siempre en la compañía ideal, estés en medio de la multitud o caminando solo por un desierto, en la cima de una montaña o en tu cuarto.

Descubre las maravillas que existen en ti y da las gracias a Dios por ser quien eres.

Detestarse es un insulto al Creador. ¡No se puede! Eres la obra maestra de la creación, un ser admirable, una criatura bellísima, enteramente original y única.

«Amarás a tu prójimo como a ti mismo» —decía el gran Maestro. Jesús quiso decir que tal como tú te amas a ti mismo, así amarás a tu prójimo. El amor empieza en ti. Y, a partir de ti, se expande hasta llegar al prójimo.

El amor es luz. Es sol. Ilumina y da calor. Embellece. Da valor.

Enciende el amor en tu corazón y déjate iluminar por las maravillas que hay en ti. Esa luz muestra su verdadera realidad.

Aquí visualizarás tu verdadera imagen. Idealiza la persona que deseas ser. No hagas como aquellos que viven con la nostalgia de la persona agradable y alegre que

fueron en otros tiempos. Cualquier momento es el momento de autorrealización.

Relájate, cierra los ojos, y crea la imagen de la persona que quieres ser. Tómate el tiempo que quieras para imaginarte cómo quisieras ser. Entonces, intenta fundirte con esa imagen, de manera que te vuelvas uno con ella. Así es y así será.

¿Será así? –preguntarás tal vez.

Escucha lo que dijo Salomón, el sabio más grande de la antigüedad:

«Tal como lo imaginaste en tu alma, así será».

Joseph Murphy, uno de los maestros del poder de la mente, escribió:

«Te transformas en lo que te imaginas».

Imagínate a ti mismo como una criatura maravillosa, querida, comunicativa, agradable, sincera, bondadosa, sonriente, segura, valiente, generosa, inteligente, sana, feliz, bendecida y exitosa.

Como resultado de esta visualización surgirá un aura, y su luz envolverá beneficiosamente a las personas de tu alrededor. Y todos bendecirán tu presencia.

Se realizará aquel mensaje que ya debes haber escuchado algunas veces: «Ilumínate e iluminarás el mundo».

Los que dicen que la belleza es subjetiva, tienen razón, porque nace del interior, para iluminar el exterior.

Una persona triste, deprimida, angustiada, nerviosa, agitada y pesimista, no es guapa, porque refleja exteriormente esa energía opaca ,y eso hace que no se ve guapa, pues la cara es el espejo del alma.

Haz un experimento. Mañana, cuando camines por las calles de la ciudad, mira las caras de los transeúntes. Verás que la apariencia es la traducción clara de lo que hay en el interior. Encontrarás gente con la cabeza baja, triste, aprehensiva, marcada por alguna desilusión. Verás personas sonriendo solas, de cabeza erguida, victoriosas. Te encontrarás con individuos de cara tensa, expresando preocupación. Si te miras en el espejo, también puedes interpretar tu estado emocional.

El aspecto revela el interior y el interior se manifiesta en el exterior.

Cree en tu belleza

Pues bien, quieres tener una buena presencia. Haces todo para ser elegante, guapo, atractivo, simpático y seductor. Vas al gimnasio, te esfuerzas bastante, caminas, nadas, haces musculación, mantienes una dieta saludable y bebes alcohol con moderación. Todo bien. Con todo, no te sientes una persona atractiva porque la belleza emana del interior. La belleza física se expresa cuando la mental y espiritual ilumina el cuerpo. Esta energía se origina en el pensamiento, en la imaginación, en la oración. Y esa energía hará que la sangre fluya con vitalidad, que el sistema inmunológico se fortalezca, que los órganos funcionen perfectamente, y te sentirás una persona rejuvenecida.

Ahora eres lo que te imaginas.

Se dio la curación y la transformación a través de la palabra.

14

Cura tus hábitos nocivos

Tal vez, haya en tu vida hábitos nocivos y desagradables, de los que no consigues liberarte.

Muchas personas luchan con sus vicios, pero se sienten impotentes ante ellos.

Quieren salir, pero la puerta está cerrada.

¿Dónde está la llave?

La solución

La tendencia natural del ser humano es crecer, evolucionar y ser feliz.

La perfección es un estado de salud mental, emocional, espiritual y física. En otras palabras, es un estado de felicidad.

Eso es posible, es factible y está a tu alcance.

¿Crees que es difícil?

Veamos: ¿Qué es lo que no va bien en tu vida?

Estás aquí en busca de algo. Esperas encontrar algo, resolver alguna dificultad. Si tienes fe en la posibilidad de encontrar la solución para tu problema, la encontrarás. Todo lo que deseas existe, es tuyo y te está esperando. Si tienes el poder de desear es porque ese deseo ya fue creado por un Ser Superior, creador de las potencialidades de la criatura humana. Entonces, repito: todo lo que deseas es tuyo y te espera.

El camino, a través del cual atraerás lo que deseas, tiene diversas vertientes: la oración, la visualización, la petición, la meditación y la imaginación. A través de todas estas formas de expresión fluye la palabra creadora.

Acuérdate de lo que Jesús nos enseñó: «Pedid y recibiréis».

La ley por la que tu deseo se realiza es la Ley todopoderosa de la Fe.

¿Quieres realizar maravillas? Crea pensamientos maravillosos.

Acuérdate de que el pensamiento es la substancia que contiene la forma en la que se manifiesta. La simiente del eucalipto contiene el eucalipto. La substancia es la clave. Una simiente vacía y hueca no produce nada.

El pensamiento que expresa el propio significado determina la forma. La esencia del pensamiento, de la palabra, se reviste de la forma física. Esto significa que el pensamiento, la palabra, la oración, la visualización y la imaginación son la substancia modeladora de la materia.

¿Cómo sabe la mente qué tipo de materialización hará?

De este modo: cualquier palabra o pensamiento se expresa en la mente como una imagen. Ya lo he dicho. Si, por ejemplo, digo la palabra *casa*, la imaginación proyecta inmediatamente la imagen de una casa. Si hablo de *comida*, esta palabra se manifiesta a través de una imagen, la imagen que tú tienes de un plato concreto. Conclusión: cualquier pensamiento, en última instancia, es una imagen que tiende a revestirse de una envoltura material. Cuanto más profundo es el pensamiento sobre algo, más energía se concentrará sobre esa imagen, y más cerca estará de su materialización.

Reflexiona ahora sobre el cuidado que debes tener con las innumerables palabras que pronuncias durante el día. Cuanto más interiorizada esté la palabra mentalmente, con tanta más fuerza y rapidez se realizará en tu vida. Por ello, tus creencias trazan tu vida.

**La repetición de tus palabras
crea tus hábitos.
Tus hábitos crean tu realidad.**

Si repites, por ejemplo, que tu matrimonio va mal, la idea se fortalecerá cada vez más, hasta el punto de desencadenar esa realidad.

Cuando criticas a tu padre, las palabras cobran vida en tu subconsciente y la animosidad será cada vez mayor. Si empiezas a observar y a reconocer ciertas cualidades de tu padre, y a tratarlo en función de ellas, verás cómo él modificará su actitud hacia ti. Lo mismo acontecerá con tu pareja.

Acuérdate de que las quejas que tienes acerca de tu hijo se agrandarán en torno a la substancia mental y acabarás por ver sólo esa realidad. Empieza a tratar bien a tu hijo, encuentra aquello por lo que merece elogios y habla con él. Así, se crea un estado de empatía muy benéfico.

Cuanto más repitas una situación, más se grabará en el subconsciente y más rápidamente se materializará.

En vez de hablar constantemente sobre tus dolencias, visualiza con firmeza tu salud.

¿Existe una forma de superar hábitos perjudiciales y compulsivos?

Son los malos hábitos los que te llevan a hacer lo que no quieres.

Hay hábitos malignos y tentadores, que doran la píldora para que te sientas impelido a hacer algo, pero después de haberlo hecho, te sientes deprimido por las consecuencias negativas que conlleva y eso te quita la alegría de vivir.

Al final, ¿podrás salir de este círculo vicioso?

¿Podrás romper la puerta de este infierno?

¿Qué alcohólico no querría dejar el vicio de la bebida, ese hábito infeliz que destruye a las personas y, finalmente, les priva de las mejores cosas de la vida?

Si fumas, y ves en las revistas, en los periódicos y en la televisión que el humo impregna tus pulmones, que envenena la sangre y que las consecuencias de fumar son nefastas, juras que dejarás ese vicio. Sin embargo, sigues fumando.

Que la solución no sea como aquel chiste del tipo que fue a comprar un paquete de tabaco y leyó el aviso: «El tabaco produce impotencia sexual». El chico devolvió el paquete y pidió otro: «Dame mejor ése que causa cáncer».

Si no consigues dejar de fumar…

Si quieres adelgazar, pero te engordas cada vez más…

Si te has hundido en el consumo de drogas y estás destruyéndote, y lo sabes…

Si no paras de comerte la uñas, de caer siempre en los mismos vicios, de ser irascible y de faltar a las clases…

Si tienes la costumbre de gastar de forma descontrolada…

Si estás siempre en contra de todo…

Si tienes la manía de aplazar las cosas…

Si eres adicto a los juegos de azar…

¿Existe una solución?

El hábito es una prueba del poder de la mente

Claro que todo tiene solución. Todo tiene una solución. Muchos se desaniman, porque creen que han entrado en un callejón sin salida. Si puedes entrar, también puedes salir. Y la solución es fácil, y no implica sufrimiento, si usas el poder de la mente.

—¡¿El poder de la mente!? –exclamarás incrédulo.

Has de saber que tus hábitos nocivos son una prueba evidente del poder de la mente.

Tú no naciste con esos hábitos. A partir del momento en que empezaste a implantarlos en tu subconsciente, éste empezó a reaccionar de acuerdo con eso, lo que provocó que esos hábitos fueran una realidad en tu vida. Si son una realidad, forman parte de tu vida.

Como sabes, todo lo que el subconsciente acepta como verdadero, sea bueno o malo, lo ejecuta.

¿Por qué una persona se siente atraída por el alcohol?

¿Por qué vuelve a pensar en el alcohol y en el deseo de beber?

Porque cuando ve una botella, piensa en beber; cuando ve una copa, piensa en beber; cuando entra en un bar, piensa en beber; cuando se encuentra con un amigo de copas, piensa en beber; cuando se topa con un anuncio de alcohol, piensa en beber. Y si no ve nada, sigue pensando en la bebida y en su deseo de beber, de tal manera que se convierte en una compulsión.

Cuanto más bebes, más quieres beber. Es un ejemplo.

Así funciona la mente: el pensamiento, la palabra, la visualización, la imaginación y la repetición sensibilizan el subconsciente de modo que reacciona de acuerdo con eso.

El hábito es un pensamiento fijado.

Somos lo que pensamos y hacemos de forma repetida.

Einstein decía que «no hay mayor señal de locura que hacer la misma cosa repetidamente y esperar cada vez un resultado diferente».

Acuérdate del sabio refrán: «Si sigues haciendo lo que siempre haces, seguirá pasándote lo que siempre te pasó».

Es evidente que, cambiando de pensamiento, cambiarás el resultado.

Cambiando la causa, cambiarás el efecto.

Cambiando la acción mental, cambiarás la reacción del subconsciente.

La misma fuerza que impulsó al pensamiento de beber alcohol, ahora, dará impulso al pensamiento de no hacerlo.

Qué hacer

Di, repite, insiste, imagina, visualiza, muchas veces al día, incluso sin creerlo:

«Lo que más placer me da es beber agua. Me gusta beber agua porque es una fuente de salud, de bienestar y de energía. Me causan repugnancia las bebidas alcohólicas. Me siento feliz porque he dejado el alcohol. Siento una atracción especial por el agua cristalina y por los zumos naturales. Mi familia y mis amigos están muy contentos con mi actitud. En todos lados, me reciben bien. Ahora soy otra persona, dueño de mí mismo, en paz y alegre. El amor me ilumina, y progreso cada vez más. He recuperado mi autoestima. He descubierto ahora lo que es vivir bien, lleno de ánimo, de autoconfianza y de salud. Dios me bendice. Así es y así será. ¡Muchas gracias!».

Mediante este método sencillo y repetitivo sensibilizarás tu subconsciente. Como todo lo que el subconsciente acepta, lo cumple, ésa será la salida del vicio.

Claro, sin sufrimiento y sin sacrificio, ya que no que dejarás un hábito nocivo por tu fuerza de voluntad, sino por la acción todopoderosa de tu mente.

Envía el mensaje con fe y fuerza a tu subconsciente e imagínate el resultado final.

Visualiza, por ejemplo, a tu pareja, tus hijos o tus amigos felicitándote. Eso ayuda mucho.

Al dejar el vicio del alcohol o el tabaco, la cocaína o cualquier otra droga, no estás renunciando penosamente a un placer, estás simplemente cambiando de placer. Encara la privación de este modo. Nada de pensamientos dolorosos, sacrificados, como el de estar derrumbando una montaña o enfrentándose a una batalla terrible. No, nada de eso. Eres feliz porque estás optando por lo mejor, lo más agradable y lo más saludable. Estás muy satisfecho, porque estás alcanzando lo mejor de tu vida. Estás entusiasmado, porque ahora haces lo que quieres y no te ves empujado, a la fuerza, a algo que no quieres hacer y que te perjudica.

Lejos de ser algo traumático, la superación de un vicio es equivalente a subir el Everest, a ser campeón de futbol, a alcanzar un gran éxito, y eso te inunda de endorfinas, la hormona del placer y de la felicidad.

Para ayudar a las personas a dejar la bebida o el tabaco, o a adelgazar, he creado visualizaciones en CD. Y han resultado ser eficaces.

Cuanto más profundo sea el estado mental en que des esa orden al subconsciente, más rápidamente alcanzarás la liberación.

El mejor camino para hacer llegar tu mensaje al subconsciente consiste, por tanto, en entrar en un nivel alfa o en estado de oración, como afirmaba también Jesús.

Si tienes algún familiar con hábitos nocivos, podrás ayudarle visualizándolo. Tus palabras alcanzan el subconsciente de esa persona, empujándola a reaccionar de acuerdo con tu sugestión. Es, en realidad, una luz energética que estás proyectando sobre ella. Conozco casos en que la visualización de alguien contribuyó a que se liberara de algún hábito nocivo.

Un día, recibí una carta de una señora. Me escribió que durante un curso mío sobre el poder de la mente, había visualizado a su hijo casado, que bebía demasiado. Lo visualizó yendo feliz al encuentro de sus hijos, sobrio, con un buen trabajo, un coche nuevo y viviendo en la casa que él tanto quería. Todo sucedió exactamente como ella había visualizado: dejó de beber; sus hijos estaban contentos; consiguió un buen empleo; compró un coche nuevo y consiguió la casa de sus sueños. «Y si esto fuera poco, ¡ahora tengo otro nieto, pues mi nuera tuvo un hijo!».

En las jornadas sobre el poder de la mente que he impartido en varias ciudades, capitales y países, enseño a los participantes a ayudarse a sí mismos y a los demás, a través de la palabra y la visualización.

Una vez, me llegó el siguiente testimonio de una chica: «Tengo a un hermano que se dejó llevar por el vicio de la bebida. Hace más o menos cinco años que intenté ayudarlo a dejar el alcoholismo. Él se consideraba un alcohólico. Le dije que buscara Alcohólicos Anónimos, pero me respondió que su caso no tenía solución. Cuando participé en tu curso, en Septiembre, visualicé su problema, tal como tú me lo enseñaste. Hice lo mismo en Noviembre. En Diciembre, mi sobrino vino a decirme que ya había dejado la bebida y que estaba frecuentando AA.».

Recibí también el siguiente testimonio de una ciudad de Minas Gerais: «Mi marido bebía mucho, y eso me hizo sufrir. Pero como tú dices, todo lo que se pide con fe, se puede alcanzar y, así, conseguí la gracia de que mi marido dejara de beber. Me gustaría compartir esa alegría contigo. Estuve a punto de separarme, pero ahora está todo bien».

Conocí a un señora que tenía el hábito desagradable de comerse las uñas. Participó, varias veces, en la Noche de la Curación y visualizó la liberación total de ese hábito. Un día, vino a explicarme, feliz de la vida, que se había liberado de esa situación indeseable.

Acuérdate siempre de que tú no naciste con el hábito, por eso, no tiene por qué quedarse contigo. Así como tú creaste el hábito, puedes volver a eliminarlo y sustituirlo por otro hábito benéfico y saludable.

Es fácil liberarse de cualquier hábito

Nunca digas que algo es difícil o imposible, porque tu subconsciente obedecerá a esa orden, cumpliéndola. Y perderás mucha energía para superar el problema.

Imagínate que es fácil liberarse de algún mal hábito, sea el de la bebida u otra cosa. Basta con cambiar la programación mental.

La curación de cualquier dificultad empieza en la mente. Tus hábitos positivos empiezan también en la mente.

Al modificar tu mente, modificas también tus hábitos.

Mira qué fácil es.

—¡Pero he luchado tanto! —exclamarás.

—Pues, ahora no hace falta que luches más. Encomendarás la solución a un Poder Infinito, irresistible e infalible.

Tú lo puedes todo. Puedes, por tanto, liberarte de cualquier hábito perjudicial.

Cómo actuar

En primer lugar, despierta en ti la motivación y el entusiasmo para llevar a cabo esa tarea.

No es difícil motivarse para liberarse de un hábito nocivo: imagínate la alegría de ser dueño de ti mismo y de tus acciones; la satisfacción de no ser dependiente; el sentimiento amistoso de ser una persona maravillosa, capaz de vencer tus propios obstáculos; siente la admiración y el respeto que las personas sentirán por ti, al verte superar las dificultades y triunfar.

Forma un cuadro mental, visualizándote feliz, orgulloso de ti mismo, vencedor, libre, admirado por todos. Imagínate la alegría de tus familiares, de tus mejores amigos y de tus compañeros de trabajo.

Mantén esa imagen con firmeza en la mente. La imaginación es una fuerza todopoderosa. Nada se resiste al poder de la imaginación. Según los maestros del poder de la mente, cualquier imagen fuerte, consolidada en la mente, se concreta. Es el poder de la curación a través de la imagen.

Por último, reza con énfasis la siguiente oración:

«Gracias a Dios estoy libre.
Ahora sólo existe y subsiste en mí
el justo y recto orden divino.
El Poder Infinito ya se ha manifestado en mí
y estoy libre, libre, libre.
Soy feliz y estoy tranquilo.
Aprecio esta vida sana y libre.
Muchas gracias, muchas gracias, muchas gracias.
Así es ahora y siempre,
Gracias al poder irresistible de Dios en mí. Amén».

15

El perdón que cura

Perdón es una palabra que no siempre está bien vista. Para algunos es la aceptación del mal, de los daños sufridos y los perjuicios que alguien provocó. A otros les causa rechazo, porque parece una piedad ajena a la realidad de la vida. Los hay que se niegan terminantemente a perdonar un insulto, porque sería una señal de flaqueza.

—Yo no perdono –gruñó una señora– ¡porque no me dejo pisar por nadie!

—No perdono –me dijo un señor, una vez–, ¡porque no soy un cobarde y no me rindo al mal que me causaron!

Antes que nada, es preciso saber de qué estamos hablando. Para eso, es necesario definir claramente lo que significa perdonar.

**Perdonar significa
expulsar el mal incrustado
en la mente,
anular el mal
que perturba la mente,
acabar con el estado mental negativo.**

Perdonar, como has visto, tiene que ver con la mente.

El perjuicio que te causaron puede ser emocional o material, pero el perdón es siempre una actitud emocional, mental y espiritual.

¿Por qué hay que perdonar?

Porque si no perdonamos, enfermamos. De ahí se deduce que el perdón no es tanto un beneficio que le haces a otro, sino un beneficio que te haces a ti mismo.

Ante cada perjuicio moral o material que te causaron hay dos opciones: perdonar o enfermar.

¿Qué sucede si no perdonas? Que la mente reacciona de forma contrariada, y expresa duelo, rabia u odio. Estos estados alterados provocan estrés; y el estrés afecta el corazón, debilita el sistema inmunológico, la presión se altera, el insomnio amenaza el equilibrio del organismo, la insatisfacción impide la realización de buenos negocios y el mal humor altera las relaciones con la gente.

El perdón te devuelve la paz de espíritu y la salud te lo agradece. Más que beneficiar al otro, el perdón beneficia a la propia persona.

Realmente, el perdón es una terapia extraordinaria.

Cuando Jesús hizo la apología del perdón, hace dos mil años, mucho antes de los descubrimientos de la psicología, poca gente aceptó este mensaje.

Una vez, el discípulo Pedro preguntó al Nazareno:

—Maestro, ¿cuántas veces tenemos que perdonar? ¿Hasta siete veces?

—No son siete veces –respondió el rabí– sino setenta veces siete.

Siete es un número que representa la totalidad. Perdonar no es una cuestión de cantidad. Es la verdad de la vida. Es la ley de la vida. Es el camino. No perdonar es salir del camino. Pero eso nunca te lleva al destino.

No es suficiente dejar de tomar veneno diez veces. En cambio, basta con ingerirlo una sola vez para causarte un daño terrible.

William Shakespeare decía que cargar una pena es como tomar un veneno y esperar que el otro se muera. Yo digo lo mismo con respecto al perdón. Cuando una persona no perdona, está deteriorándose a sí misma, mientras el otro sigue impávido su camino.

Perdonar es sentirse bien. No perdonar es sentirse mal. Tú eliges.

¡A cuántas personas, a punto de despedirse de esta vida, les gustaría pedir perdón a alguien!

Éste es un buen momento, el portal de la existencia sigue abierto, el paso está libre, no dejes para el último momento el liberarte de sentimientos que te oprimen y te privan de la salud. La ventaja está en sentirse libre y en paz, aquí y ahora.

Es lo que hace el perdón.

¿Has hecho daño a alguien?

La vida es un movimiento continuo. Nada ni nadie es lo que era; nada ni nadie sigue en el mismo lugar.

Los pensamientos y los sentimientos se van sucediendo sin interrupción.

Las posiciones van cambiando. En un partido de futbol, cuando crees que un jugador está en un lugar, ya no está allí.

Cuando describes a una persona, ella ya no es como la estás describiendo. Cambió de posición, de actitud, de pensamiento, de sentimientos. Las reacciones de hoy ya no coinciden con las acciones de ayer. Para morir basta con estar vivo. En un segundo, cualquiera puede cambiar tu visión del mundo. Una cosa es una persona antes de un accidente, otra cosa es la misma persona después del accidente.

Hago estas consideraciones para desestabilizar tu idea con respecto al individuo que te lastimó. Ese alguien seguro que ya es otra persona, pero tú te quedas pegado a la imagen que alguna vez te hiciste de ella. Piensa que puede no tener nada que ver con la persona que ahora es.

Escucha al gran Maestro Jesús: Perdona.

Perdonar, repito, quiere decir: limpiar la mente, borrar el mal de la mente.

La gran solución, por tanto, es ésta: limpiar la mente. Y limpiar la mente significa perdonar.

No hace falta poner condiciones, como la confesión de los pecados en el confesionario. Cuando el mal desaparece de tu mente, no volverá a afectarte, porque el mal que no existe en la mente es, sencillamente, inexistente.

Claro que no estoy hablando en contra de la confesión, que también es una terapia del perdón, basada en la dimensión espiritual.

Perdonar es curar

Hasta aquí, he hablado de perdonar. Pero, ante todo, es fundamental perdonarse a uno mismo.

Si Dios perdona
y tú no te perdonas,

**eso significa que quieres ser más
que Dios.
No admitir los errores
es creerse infalible.
No perdonarse es el colmo de la soberbia.
Es pretender estar por encima de bien y mal.
Es también una falta de sabiduría.
No perdonarse es cargar ansiedades,
perturbaciones y malestares.**

No cargues pesos que sólo perjudican tu salud y deterioran tu vida. Sé inteligente. Perdónate. Libérate de todas las confusiones. Jesús enseñó que debemos ser como los niños, que olvidan en seguida el llanto y aquello que lo causó, vuelven a sonreír y a jugar con el alma limpia y feliz.

Arrepentirse significa, simplemente, cambiar de actitud. Sin remordimientos, sin complejos de culpa, sin intransigencias mentales y espirituales.

Hacer penitencia para pagar pecados es una falta de sabiduría. La penitencia puede hasta reforzar el mal que aflige al individuo. Hacer penitencia es permanecer atrapado en el mal. Mientras la persona se mantenga apegada a los propios errores, para el subconsciente y para el cerebro es como si estuviera cometiendo el mismo mal de nuevo, puesto que el cerebro y el subconsciente no distinguen entre el mal cometido y la imagen de ese mal que aún subsiste en la mente. Lo que debes hacer es olvidarte del pasado y empezar una nueva vida, una vida feliz, saludable, libre y positiva. Esto es lo que quiere decir perdonar.

No te lamentes,
no te deprimas,
no revivas el pasado, no pierdas tiempo y energía
con quejas y arrepentimientos,
 enfoca la solución
y empieza una vida mejor
y más sana.

Por más graves que hayan sido tus errores, ya no existen, dado que pertenecen al pasado. Levanta la cabeza y mira hacia delante.

Tu vida es hoy, aquí y ahora.

¿Te acuerdas del delincuente que fue crucificado al lado de Jesús? En el momento en que elevó su mente, en un gesto de amor, de compasión y de fe, sus pecados se eliminaron, porque, a partir de ese momento, era una persona nueva. Por eso, Jesús lo miró con bondad y le dijo: «En verdad te digo que hoy estarás conmigo en el paraíso». (Lucas 23, 43).

¿Ves lo simple que es curarse de todos los males? Basta con cambiar de actitud.

La paz es el remedio

Una mente en paz es una mente limpia.

El termómetro que marca
el grado de tu liberación es la paz.

**Cuando entras en un estado de paz,
puedes tener la certeza de que
estás curado de los males
de la mente y del cuerpo.**

Si te resulta difícil perdonar y sigues mirando al otro con rabia y ganas de avalanzarte contra él, te sugiero que te pongas en contacto con Dios, que habita en el interior de esa persona.

Si la persona en cuestión sigue perjudicándote, compadécete del infeliz y sigue ejercitando tu espíritu de compasión y de misericordia. Serás recompensado por el Infinito, que nunca deja un buen acto sin el debido pago. Pero, entiende de una vez que no perdonar es enfermar. Perdonar es sentirse bien. No significa aceptar el mal ni el perjuicio.

Recuerda:

*Perdonar significa
expulsar el mal endurecido
en la mente,
despedir el mal
que perturba la mente,
eliminar el estado mental negativo.*

Sea cual sea la posición jurídica respecto al caso, la mente y el corazón deben estar en paz, y el amor al prójimo es incondicional.

«Si amáis a los que os aman, ¿qué mérito es el vuestro?». (Lucas 6, 32) –indagó una vez el rabí de Galilea.

Si te enfrentas al otro como a un enemigo, y si el otro te considera un enemigo también, la dificultad de perdonar puede ser grande. Pero, hay una solución: no perdonarás al enemigo, pero sí al ser humano que hay dentro del enemigo. Como seres humanos, hijos de Dios, todos somos hermanos. Elevarse a esa dimensión es fundamental. Al felicitar, sonreír, conversar o abrazar, estás haciendo ese gesto amistoso hacia tu hermano que lleva aquella envoltura de enemistad.

Te deseo lo que Jesús nos deseaba a todos: «¡Qué la paz sea contigo!».

Visualiza el perdón

Ponte en una posición cómoda. Relájate. Cierra los ojos. Respira varias veces con calma, e imagínate que estás limpiando el cuerpo y la mente con el aire que exhalas, y que estás absorbiendo energía positiva cósmica e infinita con el aire que inhalas. Veinte veces, a ser posible.

Pídete perdón a ti mismo y al cuerpo por todas las aflicciones impuestas. Pide perdón a los demás, al universo y a Dios. Evoca la persona o personas a las que deseas perdonar o pedir perdón. Reconcíliate.

Hecho.

Ahora, imagínate a ti mismo ligero y con la mente cristalina como una fuente de agua pura. Mente pura. Estado de paz.

Visualiza el cuerpo en armonía, equilibrado y lleno de energía.

Haz la siguiente visualización para tu cuerpo: «Ahora sólo existe el amor de Dios en mi cuerpo. Ahora sólo hay armonía y paz en mi cuerpo. Bendigo mi cuerpo y derra-

mo sobre cada órgano, sobre las glándulas, los nervios, los músculos, la sangre, los huesos y las células la Luz Divina regeneradora, recreadora y revitalizante. Ésta es la Luz de la vida eterna. Ahora, envuelvo todas las partes doloridas y que más sufren de mi cuerpo con la Luz azul divina del alivio, de la paz y del amor».

Visualízate con perfecta salud física, mental, emocional y espiritual. Da las gracias.

16

Cura las preocupaciones

Casi todo el mundo está lleno de preocupaciones. Si te detienes un momento y empiezas a contar tus problemas, verás que no son pocos.

Hay personas que se preocupan de forma exagerada, hasta el punto de provocarse una enfermedad. Dicen cosas como «creo que me estoy poniendo enfermo, no me siento nada bien. Estas palpitaciones del corazón ¿no serán un aviso de infarto?».

Consultan el médico, quien las examina minuciosamente y no encuentra nada anormal. No puede encontrar nada, porque fue la preocupación la que aceleró los latidos del corazón, produciendo la taquicardia.

Cuando surge una pequeña inflamación, ya imaginan que tienen cáncer.

Émile Coué (1857-1926), miembro de la tradicional nobleza británica, psicólogo y farmacéutico francés, introdujo nuevos métodos en la psicología, la curación y el autotratamiento, basados en la autosugestión y en la autohipnosis. Dijo que «recrear la enfermedad es provocarla».

Está claro que esto no sucede de un día para otro. Pero, la sugestión es una fuerza poderosa que actúa sobre el subconsciente, llevándolo a actuar de acuerdo con sus órdenes.

Algunas personas se preocupan mucho por su situación económica y financiera. Se ponen tensas y no duermen sin ayuda de somníferos.

El día se convierte en un infierno, porque están siempre corriendo detrás de la máquina, siempre debiendo, apuradas, sobrecargadas, nerviosas y contraídas. Nunca llegan a decir: «Bueno, ahora ya está todo hecho, voy a descansar». Nunca hay tiempo suficiente, están preocupadas por el alquiler, por la cuenta bancaria, el empleo, el jefe, el empleado y el socio; todo las asusta: la recesión, la inflación, la falta de dinero, los impuestos, las facturas de la luz, del agua y del teléfono. Son personas extremadamente estresadas.

¿Cómo una persona que se despierta preocupada, desayuna preocupada, pasa el día preocupada y se va a la cama preocupada, que no duerme por la preocupación y se levanta por la mañana para cargarse nuevamente de preocupaciones, puede vivir en ese círculo vicioso?

Bertrand Russell, político inglés, filósofo y matemático (1872-1970), dijo una vez: «La preocupación es una forma de miedo, y todas las formas de miedo provocan cansancio. El hombre que aprendió a no tener miedo, nota cómo el cansancio general de la vida cotidiana disminuye significativamente».

Es como en el chiste:

—Ofrezco un millón a quien se haga cargo de mis preocupaciones.

—¡Yo acepto! –respondió el otro– ¿Dónde está la pasta?

—Bueno, amigo, ésa es precisamente mi primera preocupación.

Las preocupaciones son el miedo respecto al futuro, el miedo a no superar los obstáculos, el miedo a perder, el miedo a equivocarse, el miedo a no alcanzar los objetivos, el miedo al qué dirán, el miedo al fracaso.

Las preocupaciones son la causa de varias enfermedades.

Generan problemas mentales, como irritación, miedo, desconfianza, desánimo, inquietud, ansiedad y desordenes emocionales.

Consecuentemente, las preocupaciones perjudican también el organismo, y son un foco de tensiones que provoca hipertensión, estrés, problemas cardíacos, estomacales, intestinales y debilitamiento del sistema inmunológico.

Puesto que las preocupaciones nos perjudican y nos privan de la alegría de vivir, es urgente liberarse de este mal.

Sé que podrás decir que las preocupaciones son una realidad de la vida, puesto que las cuentas están ahí, los problemas aparecen, el dinero no cae del cielo y los demás no siempre actúan como a uno le gustaría. Pues bien, queda una pregunta:

—¿Las preocupaciones pagan las cuentas, resuelven los problemas u obstáculos y aportan placer a la vida?

No, las preocupaciones sólo perjudican la salud, alteran los negocios, aniquilan la serenidad y la paz, y destruyen a las personas.

Entonces, ¿acabaremos con las preocupaciones?

La psicología del Maestro

Hace dos mil años, Jesús nos dio una enseñanza que hasta el día de hoy sigue siendo vigente:

> «No andéis pues acongojados
> por el día de mañana;
> que el día de mañana
> harto cuidado traerá por sí;
> bástale ya a cada día su propio afán».
>
> (Mateo 6, 34)

Y el Maestro dijo además:

> «Mirad las aves del cielo,
> cómo no siembran, ni siegan, ni tienen granero,
> y vuestro Padre celestial las alimenta.
> ¿No valéis vosotros mucho más que ellas? (…)
> Contemplad los lirios del campo
> cómo crecen: ellos no se fatigan ni hilan.
> Sin embargo, yo os digo que
> ni Salomón en toda su gloria
> se vistió como uno de ellos.
> Pues si una hierba del campo,
> que hoy es y mañana se echa en el horno,
> Dios así la viste,
> ¡cuánto más a vosotros, hombres de poca fe!».
>
> (Mateo 6, 26-30)

Estas palabras contienen la psicología y la sabiduría más elevadas. El verdadero cristiano encuentra en este mensaje del

Maestro el remedio para todas las preocupaciones. El rabí nos hace saber que hay un Poder Amoroso Infinito que cuida de todo.

Quien conoce la ciencia del poder de la mente tampoco se preocupa, porque sabe que la paz, la calma, la riqueza y las soluciones creadas en la mente se expresan en la realidad de la vida.

Es esto lo que proclama la ley según la cual «lo semejante atrae a lo semejante», al igual que la ley que nos dice que «cada uno cosecha lo que siembra». Y hoy se habla, además, mucho de la Ley de la Atracción.

Y podría citar también la Ley de la Fe, que todo lo alcanza.

Éstos son los remedios más potentes para curarse de las preocupaciones.

Pero, si nos quedamos sólo en el campo de la psicología y de la medicina, indiscutiblemente, estas ciencias afirman que las preocupaciones, cualquiera que sea su motivo, son un atentado contra la salud. No es sólo la salud física la que se deteriora: también la salud mental se debilita, dado que la persona preocupada no razona bien, sufre trastornos de memoria y acaba con una vida poco satisfactoria.

El hombre inteligente no se preocupa.

No te preocupes, ocúpate.

La ocupación es el camino.

La preocupación es una enfermedad.

Ocuparse es vivir la vida, es realizarse en todas las dimensiones, sin precipitarse, sin ansiedad, sino con sabiduría.

La preocupación es un sufrimiento anticipado, es un gasto de energía respecto a algo que aún no ha sucedido, es una forma de no vivir lo que está sucediendo en el presente.

Ocuparse es cuidar del momento presente y vivenciarlo como una dádiva divina.

Quien se preocupa, sufre por nada, porque el motivo de la preocupación no existe de manera efectiva.

Quien se ocupa, va dando, con serenidad e inteligencia, los pasos necesarios, uno por uno, para que sus objetivos se concreten.

Una persona preocupada transita por la vía del estrés y del desánimo.

Una persona ocupada va por la vía del trabajo alegre, agradable y divertido.

Una persona preocupada desperdicia la energía.

Una persona ocupada usa la energía necesaria en el momento propicio.

Una persona preocupada tiene la mente perturbada y no consigue alinear los compromisos en orden de prioridad, confundiendo el tocino con la velocidad.

Una persona ocupada organiza la programación de sus intereses, establece las prioridades y alterna el trabajo con el descanso, el esfuerzo con la pausa, el compromiso con la diversión y la tensión con la distensión.

Apunta tus preocupaciones

Tómate un momento ahora y observa cuáles son las preocupaciones que te están oprimiendo. Coge una hoja de papel y apúntalas una por una. Con claridad. Y especifícalas, ya que es propio de una persona preocupada confundirlo todo y no conseguir organizarse.

Marca lo que debes resolver a corto, medio y largo plazo.

Pide auxilio a la Sabiduría Infinita y al Poder Infinito. Y empieza a poner en práctica, aquí y ahora, lo que pertenece al día de hoy. Deja el mañana para mañana.

Visualiza

Elige un momento propicio y un lugar cómodo, relaja el cuerpo, la mente y el corazón. Respira profundamente varias veces, hasta conseguir una respiración tranquila.

Visualiza:

«Estoy en paz y me siento muy feliz. Sé que fui creado por Dios para continuar la obra de la creación del mundo, por eso, veo mis proyectos, mi trabajo y mis realizaciones como una misión divina, dotada de la bendición de Dios.

Si el Creador me dio el don de pensar, desear, crear, me dio también, seguramente, el don de volverlo realidad. De lo contrario, la vida sería un proyecto inacabado.

Dios es amor y bondad, por eso, me apoyará siempre, iluminando mi camino.

De acuerdo con la Ley del Pedid y Recibiréis, enseñada por Jesús, creo firmemente que, lo que yo quiero, Dios también lo quiere, y que lo que yo deseo sinceramente, Dios lo realizará a través de mí.

Tranquilamente, me ocupo de llevar a cabo mi misión y nunca me preocupo. Por la mañana, me despierto feliz y creo que el día será muy productivo, bajo la bendición y protección divinas; y celebro cada instante como un milagro de alegría y de felicidad.

Así es y así será».

Respira profundamente tres veces y abre los ojos, agradeciendo el don de la vida.

17

Alegría que cura

Sin sol, el mundo no subsiste.

Sin alegría, tú no subsistes.

La alegría es como una vitamina para la salud.

Cada vez que pronuncias la palabra *alegría*, estás ingiriendo la píldora del bienestar.

Muchos predicadores propagaron la idea de que Jesús era una persona severa, seria, con rasgos de tristeza en la cara. Pasar de ahí a las enseñanzas, según las cuales Jesús era un sufridor en busca de sufridores, fue sólo un paso.

Pero esta equivocación ha sido nefasta.

Severidad, tristeza y rigidez mental no son cualidades de quien vino a predicar el amor, la felicidad, la paz y la alegría.

El Maestro habló sobre la alegría

Una vez, el rabí dijo:

«Estas cosas os he dicho a fin de que os regocijéis con el gozo mío, y vuestro gozo sea completo». (Juan 15, 11).

Y, en otra ocasión:

«Vuestro corazón se bañará en gozo, y nadie os lo quitará». (Juan, 16, 22).

La alegría es una energía maravillosa, cuyo substrato provoca la segregación de hormonas en el cerebro que producen sensaciones placenteras.

Aunque el corazón esté hundido en el mar de la soledad; aunque estés ahogándote en las olas de la aflicción, repite las palabras:

«¡Soy alegre, soy alegre, soy alegre!».

Y ríete, canta, bromea, baila, di cosas alegres. Sí, reacciona con entusiasmo, enciende la linterna de la alegría, aunque las pilas estén agotándose, y esa luz vencerá la oscuridad.

Cualquiera sabe que basta la luz de una cerilla para acabar con la oscuridad de milenios. Imagínate que lo mismo ocurre contigo. Una palabra positiva acabará con la oscuridad de tu alma.

Aunque estés en el fondo de un pozo, apela insistentemente a Jesús para que te libere y derrame cascadas de alegría en tu corazón, tal como Él prometió:

«Hasta ahora nada pedisteis. Pedid y recibiréis, para que vuestra alegría sea completa». (Juan, 16, 24).

Cómo curar la tristeza

Contraria contrariis curantur –dice la sabiduría latina. Las cosas contrarias se curan por las acciones contrarias. La tristeza se cura con alegría, el miedo se cura con el coraje y el desánimo se cura con el ánimo.

Tal vez te sientas abatido, deprimido y sin gracia.

¿Qué puedes hacer para curarte?

Usa el poder de la palabra, emitiendo una orden contraria: «¡Estoy alegre, estoy animado, positivo y optimista!».

Insiste: la palabra es tu poder para curar.

Cualquier palabra produce la energía de su propio contenido. Cualquier palabra crea la realidad de su contenido. La energía que curará la depresión, la tristeza y la soledad es la energía de la felicidad, de la alegría y del amor.

Repite muchas veces al día: «!Estoy alegre y feliz!».

De tanto repetirlo, acabarás por aceptar ese mensaje como una verdad. Ésta es la clave. Entonces, di adiós a la depresión. ¡Y vive la vida!

Cuanto más lo repitas, más energía se condensará en la palabra mental, más fuerza tendrá y más irresistible se volverá.

Al igual que el calor hace crecer la levadura en el pan, la repetición fermenta la idea y le permite aumentar hasta llegar a materializarse. Hay una creencia judía, según la cual, una idea repetida cuatrocientas veces se vuelve realidad.

El famoso escritor ingles Gilbert Keith Chesterton (1874-1936) dijo: «La alegría es el secreto gigantesco del cristiano».

Michel de Montaigne (1533-1592) publicó tres ensayos dedicados exclusivamente al estudio de la autoobservación y al análisis del Hombre en su totalidad. Dijo: «La señal más evidente de sabiduría es una alegría permanente».

No puede haber sabio que no sea alegre, ya que la alegría produce bienestar y envuelve a la persona en una aura positiva.

Alegría – Alegría

Grita por dentro:

«¡Alegría, alegría! ¡Estoy alegre! ¡Soy fuerte! ¡Estoy sano! Todo está mejorando, cada vez más. Cada día me siento mejor en todos los sentidos. El Poder Divino se está manifestando en mí, brindándome alegría, salud y éxito total en todos mis proyectos. Así es ahora y siempre».

Visualiza, repite e insiste:
«¡Alegría! ¡Alegría! Me siento alegre y feliz. Todo me está saliendo bien».

Empieza a sonreír, a cantar cantos alegres y a decir sólo lo que genera energía positiva. Y ríete bastante. Por todo y por nada. Ríete hasta de tu propia sombra.

La energía de la alegría te cambiará la mente y la mente cambiará el cuerpo. Con la mente alegre y el cuerpo sano y fuerte, llegarás con ánimo al lugar de tu trabajo. Atraerás muchos clientes y tus negocios empezarán a prosperar.

Tu aura positiva y tus vibraciones benéficas te llevarán al éxito.

18

Cura tus complejos

¿Qué opinas de ti mismo?

Si tuvieras que hacer una evaluación de ti mismo, ¿qué nota te darías?

¿Te consideras una persona exitosa o frustrada?

¿Crees en ti o piensas que tu vida es un fracaso?

¿Envidias a los otros o tienes la convicción de que puedes alcanzar lo que deseas?

¿Te consideras inferior, igual o superior al resto de la humanidad?

Si no te gustas a ti mismo, si te ves peor de lo que te ven los demás, si crees que no eres capaz de alcanzar tus metas y que estás condenado a vivir por debajo de la línea de éxito, entonces, estás bajo la influencia de una amalgama mental y emocional llamada «complejo de inferioridad». Y, como es un complejo, no es algo bueno.

La primera actitud a tomar consiste en demitir los complejos de inferioridad y de superioridad, los miedos, la timidez, las frustraciones, los desvíos de conducta y las autocríticas erróneas.

Elimina ahora mismo todo lo que disminuye tu verdad como hijo de Dios y obra prima del Creador, dotado de sabiduría y de poderes ilimitados.

No permitas que nadie disminuya tu dignidad, tu grandeza, tu inteligencia, tu capacidad de autorrealización y tu fe en un futuro repleto de éxitos.

No te estoy instigando a repudiar y a agredir a los que te menosprecian, ni a pedir reparación. La ignorancia de los demás es su problema. Lo que te estoy pidiendo es que rechaces amablemente todo lo que no contribuye a la manifestación de tu verdadera realidad.

Tú no tienes poder sobre los demás, pero sí tienes poder sobre ti mismo.

Eres tu mente. Valiéndote de tu discernimiento, descarta lo que no tiene valor y fortalece los pensamientos e ideas que ayudan a tu autorrealización.

Tu pensamiento es tu palabra. Y tu palabra es tu poder de curar y de alcanzar la liberación. Ahora sabes que la clave del secreto es creer firmemente en la realización de tu palabra.

La mitad de tus complejos son prejuicios de otros con respecto a ti; la otra mitad, es cosa tuya, lucubraciones negativas y peyorativas sobre ti mismo. Es fácil deshacerse de todos esos males, porque tú eres dueño de ti mismo.

Una mujer, por ejemplo, puede sentirse inferior al marido y, por eso, dejarse dominar por él; el marido puede tener complejos de superioridad y creerse dueño de la mujer, y, de la misma manera también, puede sentirse inferior a ella, porque gana más o está más reconocida socialmente. Nadie se sentirá bien al compararse con el otro. Compárate sólo contigo mismo, porque cada uno es un ser único.

Tú puedes considerarte una persona atrasada, menos inteligente que los demás, menos creativa y menos capaz. Puedes, pero estarías equivocado. Acuérdate de que tienes la inteligencia de los grandes genios. No la bloquees, ábrela por medio de palabras en las que reconozcas esa verdad superior.

No entierres tus talentos, como decía Jesús, sino manifiéstalos.

La grandeza de tu alma es tan extraordinaria que no te la puedes ni imaginar.

Si parece pequeña, como si la vieras desde el primer escalón de una escalera, debes saber que sólo se llega arriba a partir del primer escalón.

Cuando Thomas Edison (1847-1931), uno de los inventores más grandes del mundo, entró en la escuela, lo echaron a los tres meses, porque parecía un perfecto idiota, incapaz de aprender. Pero él no dejó que eso le afectara. Empezó a trabajar en lo que a él le gustaba y su inteligencia respondió plenamente.

Rudolf Nureyev (1938-1993), que fascinó al público de Francia y del mundo entero con sus malabarismos, fue uno de los mejores bailarines del siglo xx y la primera estrella del mundo de la danza. Durante sus primeras clases de ballet, el profesor lo echó, diciéndole: «Lo único que sabes es saltar como un sapo». Pero Nureyev no se rindió, porque la danza era su vida.

Cree también en tu grandeza.

Demóstenes, un pensador griego, quería ser orador, pero todos se burlaban de él porque ni siquiera conseguía pronunciar correctamente las palabras. ¿Qué hizo él? Iba todos los días a la playa, se llenaba la boca de piedrecitas y hablaba al mar a fin de perfeccionar su dicción. Se convirtió en uno de los oradores más grandes de la antigua Grecia.

Conozco genios del futbol que empezaron su vida profesional enfrentándose a los mayores desprecios.

No hay que desanimarse por los percances de la vida. Incluso son beneficiosos. Fortalecen tu carácter.

Tú lo puedes todo.

Si los otros lo consiguieron, tú también lo puedes conseguir. Nadie vale más que tú. Usa la clave.

Sólo hay una persona que te puede derrotar: tú mismo.

Sigue adelante. Cree en ti. No te preocupes por los demás.

Sé amigo de todos. Ayuda a los otros. No envidies el éxito de los demás.

Nadie te está poniendo impedimentos.

Tu camino está aquí. Sigue adelante.

Ayuda a los otros a ascender, y ascenderás también.

Si pretendes derrumbar a otros, tu subconsciente recibirá este mensaje, lo aceptará y te derrumbará también a ti.

Lo que piensas que es bueno para otros, el subconsciente lo considera bueno para ti también. El subconsciente no razona ni selecciona los pensamientos. Cuanto más bendigas a los demás y cuanto más desees que avancen, tanto más tu Poder Interior actuará sobre ti, haciéndote avanzar también.

De ahora en adelante, abre las compuertas de tu inteligencia y di mentalmente: «Soy muy inteligente, aprendo todo con facilidad y tengo una excelente memoria».

He creado una baraja de Cartas de la Felicidad con mensajes para cada día. Cada día hay que mezclarlas y tirar una: ésta será su horóscopo positivo del día. La carta de la INTE-

LIGENCIA dice así: «Yo soy muy inteligente. Hoy tengo conciencia de que soy realmente muy inteligente. Nunca más me quitarán esa verdad de la cabeza. Soy muy inteligente. Aprendo con facilidad y tengo una excelente memoria. Tengo la inteligencia de los grandes genios, pues Dios me creó tan inteligente como el ser humano más inteligente. Soy muy inteligente».

Si tienes miedo de hablar en público, de exponer una materia en clase, de hacer entrevistas en la radio o en la televisión, o de participar en reuniones de amigos, imagínate que te encanta hablar en público, que a todos les gusta oírte, que tienes magníficas ideas y una enorme facilidad de expresión, y así sucesivamente.

¿Tienes complejos acerca de tu aspecto? Hay gente que se imagina fea, poco atractiva, sin brillo, sin interés y fuera de los patrones de belleza actuales.

Deja atrás ese complejo. En la naturaleza, nada tiene la misma forma. Todas las flores, independientemente de su color, perfume, forma y tamaño, son bellas. Tú eres una flor dentro de la sinfonía universal. Eres original. En vez de querer ser igual a otros, siéntete afortunado por ser diferente. Lo que es diferente siempre llama más la atención.

Acuérdate de que la belleza es un estado interior, mental, emocional y espiritual. Quien tiene el corazón iluminado por el amor es una persona iluminada y atractiva.

Sabiendo que todas las palabras generan la energía correspondiente a su propio contenido, se te ilumina el rostro y se transforma en algo muy bello y digno de ser amado.

La belleza se expande a través de la iluminación interior. No por casualidad se dice que la cara es el espejo del alma. La cara es la respuesta del alma.

No te olvides de que la riqueza y la pobreza también nacen en la mente de cada uno. Son estados del espíritu, por tanto, tampoco esto da motivo para acomplejarse.

El pensamiento crea riquezas. El mundo exterior es el resultado del mundo interior. Bendice tu vida. Bendice la divinidad que hay dentro de ti.

Resumiendo

¿Cómo te puedes deshacer de los complejos?

No rebelándote contra ellos, sino creando una nueva realidad mental. Al encender la luz, la oscuridad desaparecerá. Dice la Biblia que tú eres lo que son tus pensamientos. Por eso, visualiza ahora las cualidades que formarán parte de tu nueva personalidad.

Usa el poder de la palabra interior. No te olvides de la clave.

La palabra es tu poder de crear y de curar.

Visualiza

«Yo fui creado a imagen divina, y en esa imagen del Creador no existen complejos. Fui hecho a semejanza de Dios, por eso, soy esencialmente perfecto, sano, sabio equilibrado, positivo, y tengo confianza en mí mismo. Ésta es mi verdad esencial y real. De ahora en adelante, creo en mí y en el Dios que hay en mí. Me siento seguro y poderoso y vivo la vida en paz, feliz, optimista, creyendo que todo lo puedo. Así es y así será».

19

La práctica de la curación

Una vez, vi una máquina que hace mosaicos. Según cómo se colocaba la tinta, los mosaicos salían blancos, oscuros, amarillos, en fin, de varios colores y arabescos. La misma máquina producía diferentes tipos de mosaicos.

Lo mismo pasa con la mente.

Uno se sorprende de cómo, en un momento dado, se pone triste, después alegre y otra vez se vuelve a sentir invadido por una tristeza inexplicable. Son los mosaicos de los pensamientos soltados por la máquina mental. Nada pasa por casualidad en este mundo de Dios. Nada acontece al azar. No existe la casualidad, pero sí la causalidad. No existe el acaso, pero sí la causa. Todos estamos sometidos a la Ley de la Causalidad. Me refiero a la Ley de Causa y Efecto. Todo tiene su causa. Y el efecto es el resultado de la causa.

Cuando dices que estás abatido y que no sabes por qué, significa que no te has detenido a analizar o no quieres decir la verdad. Está claro que no tienes ninguna obligación de decir lo que te pasa, pero, ¿no será que no lo sabes?

Al ver una naranja, sabes que no surgió de la nada, sino que vino de un naranjo. La causa de la naranja es el naranjo. Éste creció de la semilla, se convirtió en una planta, hasta llegar a ser árbol, para producir la flor y la naranja.

Tu melancolía nació de una semilla triste, que ha ido creciendo, cobrando tamaño, que ha madurado y producido el fruto que tú estás comiendo ahora. El proceso se cumplió y dio este resultado. Esto es causa y efecto.

El mosaico blanco de la alegría

Tu alegría también nace y va creciendo, desarrollándose y madurando a través del pensamiento. Palabra y pensamiento son sinónimos.

Si piensas o hablas de alegría, te vuelves alegre. Si derramas la tinta oscura de la tristeza en el mosaico, la máquina mental fabricará un producto oscuro, la tristeza. Ésa es la Ley de Causa y Efecto.

El efecto es un producto de la causa.

La casa, el coche, el sillón, el televisor, cualquier objeto existente tiene su origen en la mente de alguien.

Pensar es poder.

Tú eres lo que piensas.

Tú eres lo que dices.

Tú eres lo que crees.

Tú eres lo que rezas.

Tú eres lo que bendices y lo que maldices.

Cómo nace el pensamiento

Al igual que creas pensamientos, los recibes. La mente actúa tanto desde dentro hacia fuera como desde fuera hacia dentro. Cuando la palabra viene de fuera, tienes tiempo de aceptarla o no. Eres el guardián de la puerta. La palabra llama, tú atiendes, y la dejas entrar o la rechazas. Si la aceptas, tu subconsciente la acoge, la metaboliza, la energiza y realiza. Así, cuando alguien dice que eres una persona muy agradable y tú aceptas esa idea y estás de acuerdo con ella, el subconsciente la realiza en tu vida.

Te vuelves una persona agradable.

¿Ves lo importante que es convivir con personas que te dan mensajes, ideas y pensamientos positivos y benéficos?

El gran filósofo griego Sócrates tenía razón cuando afirmó: «Dime con quién andas y te diré quién eres».

En el mundo de hoy, cualquier persona recibe billones de mensajes del exterior. Noticias, publicidad, debates públicos, discursos, artículos, quejas y reclamaciones invaden tu mente. Puedes aceptarlos o no. Las personas de tu entorno son como máquinas que proyectan conceptos, creencias, opiniones, prejuicios, emociones, elogios, reproches, alegría y tristeza sobre ti. Acepta lo bueno con alegría y gratitud. Lo que te provoca sentimientos negativos y destructivos, déjalo entrar por un oído y salir por el otro. Al fin y al cabo, tú eres el dueño exclusivo de ti mismo y tienes el derecho de escoger y asimilar sólo lo que te hace bien. No sólo tienes el derecho sino hasta la obligación. Y no sólo la obligación sino incluso la necesidad, puesto que cosechas lo que siembras.

Hay personas sin iniciativa y sin personalidad, que aceptan todo lo que se les dice y manda. Son como un embudo. Pero nada queda impune. La tristeza, el desánimo, la incredulidad y la pérdida de identidad son exactamente el resultado de ese tipo de actitud. Si tú también eres así, rebélate contra ti mismo, en el buen sentido, proclama tu independencia, iza la bandera de la libertad y crea tu camino y tus verdades. Ten la certeza de que te sentirás otra persona. Más libre, más suelta, más ligera, más alegre y más satisfecha. Aun cuando, para eso, tengas que afrontar chantajes emocionales por parte de otros. Sé fuerte, haz tu vida, emana felicidad, pues sólo tú eres responsable de ti ante Dios.

No aceptes más la creencia de que los otros son los responsables de tu desgracia. Dios quiere que asumas el mando de tu barco y, para eso, te ha dado todas las condiciones, principalmente sabiduría, libertad, poder y felicidad. No desperdicies ninguno de esos cuatro elementos existenciales. Hay personas que se quedan estancadas en la vida porque los padres, parientes, amigos o la prensa dicen que la situación está difícil y que la vida es complicada.

Hay personas que pierden la energía y abandonan sus proyectos porque están convencidas de que son incapaces, desequilibradas e irresponsables.

Sé fuerte. Sé inteligente. Sé dueño de ti mismo. Pon en marcha tu propio filtro, para que no pase por él nada que no sea benéfico y saludable.

Dios es inmanente en ti. Piensa en eso.

El camino

Cree en el poder de tu palabra interior. Y, sobre todo, cree que tu palabra es poder. Es así como se usa la clave del secreto. Presta atención al colorido que estás poniendo en los mosaicos de tu mente. De ahora en adelante, produce sólo mosaicos bonitos, encantadores y radiantes.

Como eres dueño de tu mente, crea sólo pensamientos positivos. Di lo que te hace bien.

La palabra, incluso la palabra dirigida a otras personas, tiene la matriz en el interior de quien la emite. Éste es el fundamento de la Ley del Retorno. Por eso, sólo hay un camino: pensar y hablar únicamente sobre lo que es benéfico para ti mismo. Habla de alegría, amor, felicidad, prosperidad, paz, buen humor y ánimo. Di lo que te satisfaga a ti y a los demás. Aprende a encontrar una palabra positiva para cualquier situación desagradable. Ejercita la compasión y la misericordia ante las acometidas ajenas.

En poco tiempo, sentirás una energía vigorosa en todo tu ser, y bendecirás tu salud.

Es la curación a través de la palabra.

Vida nueva

Ahora, tus males han desaparecido, tu dolencia desaparecerá y empezarás a vivir en un mundo nuevo, con una vida nueva.

¿Alienación?

Hay quien dice que eso es alienación.

—¿Qué es la alienación?

—Es estar fuera de la realidad.

¿Cuál es la verdadera realidad de un hijo de Dios?

Es vivir en estado de paz, amor, alegría, bienestar, felicidad, abundancia, fraternidad, optimismo, poder interior, armonía y sabiduría, porque en Dios sólo existe el Bien.

Alienados, por tanto, son los afligidos, los débiles, los enfermos, los miserables, los derrotados, los medrosos, los agresivos, los depresivos, los negativos, los frustrados y los desgraciados, porque están fuera de la realidad de Dios. No estoy ofendiendo ni negando un gesto de caridad a nadie, estoy sólo poniendo un ejemplo real.

¿Estás apartado de la verdadera realidad?

No te recrimines nada, ni te desanimes.

Es la hora de tu redención.

Éste es el momento inspirado por el Espíritu, que habita en tu interior, para dar comienzo a una nueva vida.

Ven. Hay un mundo bello que Dios ha preparado para ti. Tú naciste para ser feliz y para vivir en el reino de los cielos. Ven y coge las llaves de ese reino maravilloso. Existe. Es tuyo. No te vuelvas atrás. Haz de la vida una fiesta.

20

La felicidad cura

El Maestro dijo: «El reino de los cielos está dentro de vosotros mismos».

Con esa afirmación queda claro que Jesús no se refiere a otra vida.

Entonces, surgen las preguntas:

¿Qué es el reino de los cielos?
¿Dónde se sitúa?
¿Qué hace falta para entrar en él?

El reino de los cielos no está ni aquí, ni allí: está dentro de cada uno, afirmó Jesús. Significa que existe un lugar, en el interior de la criatura humana, que es el reino de los cielos. El paraíso está allí dentro.

Ya no se habla más del paraíso terrestre, el paraíso de Adán y Eva, pero sí del paraíso humano. Parece increíble, pero el paraíso humano está en el interior de la persona.

La religión añade el paraíso celestial, el destino último de los hijos de Dios. Pero, como todavía estás en este lado, entra en tu paraíso interior y vive tu reino de los cielos aquí y ahora.

¿Es posible? ¿No será una utopía?

Tú, que estás en el fondo de un pozo, sufriendo una desgracia insoportable, muriéndote de desesperación, sal de ese infierno y entra en tu paraíso interior. Refúgiate en tu propio reino celestial. La distancia de acceso es mínima: tan sólo una palabra.

Cosa curiosa: en ti está el cielo, en ti está también el infierno.

—¿Qué es el reino de los cielos?

—Es el estado de felicidad perenne.

La felicidad no es una actitud, ni un acontecimiento, no es ni tener suerte, ni riqueza material: es la substancia humano-divina del gozo existencial.

En una ocasión, Jesús reveló que hay, en el ser humano, un lugar «secreto donde habita el Padre». Se trata de un espacio indecible, inefable, secreto, donde la divinidad se funde con la humanidad, el Cielo habita en la Tierra, el paraíso mental y espiritual en el territorio humano, el Dios en el hijo de Dios. Este reducto es el reino de los cielos.

El equívoco imperdonable de la gente es presuponer que el reino de los cielos es una inflada cuenta bancaria. Por otro lado, es verdad que el reino de los cielos no impide tener una inflada cuenta bancaria. El reino de los cielos es un estado mental, la cuenta es material.

Al entrar en esta dimensión interior, curas todos tus males físicos, emocionales y mentales, porque en tu reino de los cielos no existen ni el sufrimiento, ni la maldad, ni las enfermedades.

Además de buscar la curación fuera, búscala también dentro de ti. Entra en tu reino de los cielos. Luego, todo lo demás se conjugará para que puedas liberarte de cualquier desgracia o desarmonía que estés sufriendo.

¡Ábrete, Sésamo!

¿Cómo se encuentra el reino de los cielos? ¿Cuál es el camino? ¿Cuál es la clave? ¿Cuál es el «ábrete, sésamo»?

Ali Babá abrió la cueva de los tesoros con una palabra. Al decir «¡ábrete, sésamo!», el portal de los tesoros se abrió.

Tu reino de los cielos también se abre por medio de la magia de la palabra. Di, con fe poderosa: «¡Ábrete, reino de los cielos!».

De repente, sentirás una energía radiante iluminando todo tu ser, y tu centro vital reaccionará derramando un complejo de endorfinas, dietilaminas, serotoninas y oxitocinas que harán que te sientas en el paraíso. Es el éxtasis. La paz, la felicidad y el amor desbordarán sentimientos venturosos en todo tu ser.

No hay dolencia que resista a esta avalancha de luz capaz de curar.

Imagínate la suma de todo lo que te ha dado placer a lo largo de tu vida, y tendrás una vaga idea de lo que es el reino de los cielos en tu interior. En ese estado, cada instante es una vida.

¿Qué se necesita para entrar en el reino de los cielos?

Antes que nada, hay que creer en él.

Aquello en lo que no crees, deja de existir para ti.

Cuando proclamas interiormente «¡Ábrete, reino de los cielos!», con la fe de un Moisés golpeando con un bastón la roca para hacer brotar agua, verás cómo el reino de los cielos se abre y te envuelve.

—¡Es difícil de creer! –dirás.

Precisamente por eso, el rabí nos enseñó que, para entrar en el reino de los cielos, hace falta ser como un niño: sencillo, crédulo, directo, positivo y no tener dudas.

Nunca dejes de buscar la puerta de tu reino de los cielos. La puerta, como dijo el Nazareno, es sólo una. Quien busca, encuentra. Ya se te ha entregado la llave que puede abrirla.

Merece la pena buscar. Allí está la felicidad. El amor. La paz.

En resumen: el reino de los cielos es un estado de plena felicidad. La palabra que te hace feliz es la clave para entrar en tu reino de los cielos.

El «¡ábrete, sésamo!» es «felicidad».

Al decir felicidad, imagínate alegría, paz, amor, bondad, calma, salud, abundancia, amistad, bienestar, sabiduría, lucidez, equilibrio, comprensión, seguridad interior, verdad, justicia, benignidad, fraternidad, sonrisa, generosidad, liberación y armonía.

O imagínate el palacio de tus sueños, hermoso, deslumbrante, divinamente iluminado, con tapetes riquísimos y faroles esplendorosos, jardines floridos y lagos ondulados por la danza de los cisnes blancos… Puesto que el subconsciente no distingue entre imagen y realidad, sentirás los efluvios de la magia celestial.

Imaginar es ser

Tu mente es como un jardín. Cuantas más flores haya en él, más bonito, más abundante, más perfumado y más encantador será tu jardín.

Los pensamientos son las flores de tu jardín del Edén interior y exterior.

Cualquier pensamiento en el que se cree tiene el poder de convertirse en una realidad física y existencial.

Date cuenta de que no serán las pastillas, ni la bebida, ni la comida, ni las drogas las que te abrirán las puertas del reino de los cielos, pero sí lo harán tus pensamientos felices visualizados con fe, convicción y persistencia.

Un día, Dios creó flores coloridas y perfumadas, estrellas brillantes, y montañas majestuosas. Creó el encanto de las aves, la grandiosidad de las cascadas, la poesía de los lagos, la suavidad del brillo de la luna, el alegre azul del cielo, el fulgor de las perlas, el vigor de las florestas, la grandeza de los mares, la energía esplendorosa del sol, la vitalidad de los animales. Y después dijo: «ahora quiero hacer la criatura más bella, más feliz y más amada del universo». Y te creó a ti. Y te colocó en el reino encantado de los cielos. Y para evitar que tú abandonaras ese lugar, lo estableció en tu corazón.

Nada más y nada mejor podría haber hecho por ti.

Entra

Todos quieren ser felices, pero muchos se sienten impedidos. La puerta no se les abre. Usan como argumento el pasaje del evangelio en que Jesús dijo que la puerta es única y estrecha. El hecho de que la puerta sea una sola y estrecha, no significa que sea de difícil acceso. El Maestro no dijo que la puerta tuviera barrita, ni que estuviera cerrada con llave. Simplemente reveló que había sólo una puerta para entrar en el reino de los cielos. Es la puerta de tu corazón. Ve allí y entra: es el deseo de Dios. Otras puertas no funcionan. Pon la mano en la puerta, gira la llave, y se abrirá. No está cerrada, ni vigilada por leones o guerrilleros. Entra, por favor.

Muchos llegan hasta la puerta y vacilan. Tomados por la indecisión, continúan con su vida de siempre, con altibajos, victorias y reveses, amarguras y alegrías, tiempos de gloria y tiempos de depresión.

Atrévete. Si el más grande de todos los sabios garantizó que ésa es la verdadera puerta de la felicidad, el amor, la salud, la prosperidad y la paz, entonces, entra sin miedo.

¿No tienes coraje? ¿Te sientes agitado? ¿Estresado? ¿Deprimido? ¿Desanimado? ¿Solitario? Debes comprender que la agitación, el estrés, la depresión, el desánimo y la soledad son sólo la ropa que llevas puesta. Sólo la ropa. No forman parte de tu verdadero ser. Quítatelas.

Tú fuiste hecho para la felicidad, para convertir la vida en un maravilloso reino de los cielos. La llave que abre la puerta de tu paraíso son el pensamiento positivo y la fe. Éste es el «ábrete, sésamo» del reino de los cielos.

Tu palabra es tu poder creador .Ya lo sabes.

Tu palabra contiene la magia divina del «hágase».

21

Cura tus sentimientos de inferioridad

¿No te gustas a ti mismo?

Tal vez incluso te odias cuando te ves en el espejo. ¿Cómo puedes detestarte, si eres la obra prima de Dios?

El Creador, un día, te imaginó, y pensó: «haré que exista esta maravilla que está en mi mente».

E hizo que existieras, con esas cualidades y dones, con ese corazón amoroso, esa voluntad de ser feliz, la tendencia innata a disfrutar, esos sueños que realizar y esa belleza física original, diferente de cualquier otro ser humano.

Eres único, porque Dios no se repite. Te creó y rasgó el molde. ¿Y ahora dices que no sirves, que eres una criatura fea, sin gracia? Con eso, estás deshaciendo la capacidad artística divina.

Es bueno saber que no sirve de nada mirarse en el espejo, si la mente obtusa y miope no te permite ver bien. Muchas personas bellas se miran en el espejo y ponen una cara de desagrado por lo que ven. ¿Cuál es el problema?

Hoy te verás en el espejo exactamente como Dios te imaginó. No envidies a los demás, porque tú tienes dones que nadie tiene. Empieza a amarte. Entonces, tu mundo se iluminará y, con tu mundo iluminado, empezarás a ver la vida cada vez más bonita. De esta manera, se hace fácil amar la vida.

Despiértate por la mañana, bendiciéndote a ti y bendiciendo el nuevo día que nace, y deambula como un príncipe o una princesa por los jardines de este paraíso terrestre.

Crea tu salud

Quizás pienses: «Todo está bien, lo que pasa es que soy una persona enferma».

¿No existe el poder de curar dentro de ti? Sí, hay un poder dentro de ti que cura. Haz explotar la energía de la salud que hay en tu interior.

La salud ya está dentro de ti. Empieza, ahora, a poner en marcha las fuerzas energéticas de la revitalización, a través de tu palabra, la oración, la visualización, el pensamiento y la imaginación. Lo que tú piensas, va a existir.

Y no existe sólo lo que percibimos en esta dimensión física, como los objetos, la ropa, la silla, el perro, la pared... no, lo que tú creas en la dimensión mental también empieza a existir.

La única diferencia es que no puedes ver físicamente lo que se sitúa en la esfera mental.

Si vislumbras un sol divino saliendo por encima de tu corazón físico enfermo, a punto de fallar, esta luz divina realmente saldrá, para rehacer, recrear y reactivar los tejidos, los músculos, las venas, las arterias y las válvulas de tu corazón. Si sumas a estas energías mentales las fuerzas espirituales generadas por tu oración positiva, tu corazón empezará a cobrar salud y vigor gracias a la concentración de todas esas energías.

Si antes podías dar tal vez sólo unos 250 pasos y parabas a tomar aire, ahora sentirás que puedes avanzar más.

Ama tu corazón y conviértelo en tu gran amigo. Dile cariñosamente: «Te amo. Confía en mí. Seguimos adelante, amigo, con coraje y fuerza, ayudándonos el uno al otro». Tu corazón reaccionará de acuerdo con eso, porque todas las células y todos los órganos son seres vivos, y tú sabes que tienes poder sobre los seres vivos.

Tú eres el Yo superior. Ellos son el yo-inferior y te obedecerán. Ésta es la escala de la vida.

Cuenta Saint-Exupéry

Nunca me olvido de una historia que contaba Saint-Exupéry, el famoso autor de *El Principito, Tierra de hombres* y *Vuelo Nocturno*, entre otros. Saint-Exupéry era piloto de avión, de esos aviones de construcción ligera que antiguamente llevaban el correo de un país a otro.

Nos contaba este escritor que un colega estaba transportando el correo de Santiago de Chile a Buenos Aires, y para eso, obviamente, tenía que atravesar la Cordillera de los Andes.

Cuando estaba volando por encima de las montañas, sobrevino una gran tempestad de nieve, el avión perdió altura y acabó por estrellarse contra las rocas nevadas. El piloto fue el único superviviente, no sufrió daño alguno, tan sólo perdió todo sentido de la orientación, no sabía dónde estaba. Se vio perdido y solo en aquel inmenso océano blanco. Si se quedaba allí, moriría. Empezó a caminar a la buena de Dios. Quién sabe, quizás llegaría a algún lado donde encontraría un alma viva, auxilio, una casa. Podría ser que más allá de esa montaña existieran una granja, un campo de cultivo, alguna persona. El hombre caminaba sin parar, en medio de un frío glacial. Caminó un día, otro día, una noche, otra noche… se le acabaron los víveres, pero él siguió caminando. Los pies se le hincharon y tuvo que cortar las botas. Prosiguió la caminata, cansado, en el frío de la noche, ya con unas ganas enormes de tumbarse y dejarse morir. Pero pensaba: «Si mi mujer cree que estoy vivo, tendrá la certeza de que estoy caminando». Este pensamiento la daba fuerza. Sabía que no podía detenerse, ni sentarse, ni acostarse, porque, si lo hiciera, moriría congelado. Cansado y agotado, su corazón ya no tenía más fuerzas y le empezó a fallar. Estaba a punto de colapsarse. Sería el fin. Entonces, habló con su corazón: «¡Vamos, corazón! ¡Vamos! ¡Coraje! ¡Tú puedes! ¡Sigue! ¡Adelante! ¡Sigue! Creo en ti. ¡Un poco mas, corazón, un poco más! ¡Eso! ¡Fuerza!». El corazón volvió a latir, al principio lentamente, algo descompasado, pero después cada vez con más vigor. Y él siguió caminando por la nieve, subiendo y bajando pendientes, con la esperanza de encontrar ayuda. Caminó durante un día, dos días, tres días, cuatro días, cinco días y cuatro noches… Sólo el quinto día encontró por fin a alguien. Sus fuerzas se estaban agotando.

Le llevaron inmediatamente al hospital, y consiguieron salvarlo. Exupéry fue a visitarlo. Cuando el piloto contó la historia del corazón, exclamó: «¡Me siento tan orgulloso de mi corazón!».

Es una lección para cualquiera cuyo corazón se está rindiendo. Dale fuerza. Habla con él, reza, arrodíllate mentalmente dentro de tu corazón y emana energía espiritual. Verás cómo tu corazón empezará a latir con más energía y con más vitalidad.

Nunca te desanimes. Nunca te rindas. Aguanta, y una fuerza poderosa vendrá en tu socorro.

Cuando piensas que se están acabando tus fuerzas, realmente se están acabando, porque tu subconsciente atiende tu palabra y tu pensamiento.

¡Adelante! ¡Adelante! ¡Lo conseguirás!

Un comienzo nuevo

Modifica tu vida.

Crea tus caminos.

Renueva tu cuerpo.

Ilumina tu mente.

Llena tu corazón de amor.

Sal de aquí como una persona nueva. Entonces sí, contemplarás este mundo con alegría y con ojos deslumbrados; verás a los demás como hermanos; y valorarás la vida como un inestimable regalo del Infinito.

Siente la inmensa alegría de vivir.

Transmite esas vibraciones a tu prójimo.

Haz una visualización ahora. Penetra en el centro de tu ser, al asilo de tu interior, donde habita el Padre, y agradece tu salud y el don de la vida.

Y sé feliz. Muy feliz.

22

Ejemplos de curaciones
para fortalecer tu fe

Durante unos años, impartía la Noche de la Curación, una sesión semanal con charlas, preguntas y respuestas, relajamiento y bendición de la salud. Esas sesiones dieron lugar a muchas curaciones.

A lo largo de las jornadas que realizo por ese mundo de Dios, suceden muchas maravillas. A la vez que me van llegando testimonios de curaciones y soluciones obtenidas a través de la lectura de mis libros.

La chica con problemas de la vista

Una chica joven, que ya había perdido la vista en un ojo, estaba en tratamiento médico para salvar el otro ojo. Un día, regresó desolada de una consulta. Contó a la madre que el médico le había dicho que el otro ojo también estaba perdido. Sólo un milagro lo podía salvar.

La madre, una vez pasado el impacto de la mala noticia, exclamó: «Vamos a la Noche de la Curación y verás cómo Dios te curará».

Efectivamente, en esa Noche de la Curación, la chica recuperó la vista de ambos ojos.

Desapareció la verruga

Un señor contó que había participado en una Noche de la Curación en la que visualizó la desaparición de una verruga dolorosa que tenía en la mano. Cada vez que ponía la mano en el bolsillo o la apoyaba sobre cualquier cosa, le dolía mucho.

Esa noche, vio la luz Divina iluminándole la mano, sobre todo, esa parte de la mano. Cuando todo terminó, fue a la parada de autobús para volver a casa. Al poner la mano en el bolsillo, sacó el dinero, pagó el ticket, volvió a poner la mano en el bolsillo y sólo entonces se dio cuenta de que no sentía ningún dolor. Estaba completamente curado.

¡Cuando empezó a creer, se curó!

Una vez, fui a realizar una Noche de la Curación a una pequeña ciudad cerca de Santa María. Había allí una chica joven que no creía en nada.

—Durante la fase de relajamiento –dijo ella– disfrutaba con todo y, poco a poco, me empecé a concentrar y, llegado un momento, empecé a visualizar la desaparición de las verrugas en mi cara. Las verrugas desaparecieron.

Una persona lloró de alegría, al dar su testimonio. Sufría de los riñones, se medicaba, pero aun así tenía muchos dolores, y en la oración para la curación, los dolores desaparecieron. Dejó de tomar medicamentos y se curó.

En 1981, una señora vino a participar en la Noche de la Curación porque sufría de gran angustia. Cuando llegó al auditorio, estaba tan ansiosa que no quería ni quedarse en el local. Esa noche, aunque lloró desesperadamente, encontró alivio y resolvió su problema. Se había peleado con alguien y se sentía angustiada porque no sabía si esa persona aún estaba viva. Esa misma semana se encontró con la persona, hablaron amistosamente y todo quedó aclarado. Luego buscó a otras personas que también la habían perjudicado, para que todos se perdonaran mutuamente. Encontró a esas personas y todo se resolvió.

Luego, trajo a la Noche de la Curación a una de sus hermanas, que sufría de sabañones acompañados por fuertes dolores. Se curó completamente. Además, desapareció un dolor de oído que había sufrido durante años y que ningún tratamiento había logrado eliminar.

Esta señora tenía un vecino que estaba en tratamiento médico desde hacía mucho tiempo, pero no se había encontrado la causa de su problema. En una Noche de la Curación, la señora visualizó que su vecino había ido al médico y había descubierto que el problema era una congestión en el estómago, y que el tratamiento estaba dando resultados.

Una chica joven tenía que ingresar en el hospital para que la operaran. Vino a la Noche de la Curación antes de la operación y se curó. También contó que se liberó de los problemas de columna a través del pensamiento positivo y de la fe.

Una madre contó que tenía un hijo pequeño, de dos años y medio, que estaba perdido. Lo trajo a una Noche de la Curación y él quedó completamente curado.

Una mujer joven estaba decepcionada con los médicos. En una Noche de la Curación se curó. Los médicos le dijeron luego: «Gracias a Dios y no a nosotros».

Una niña se encontraba enferma en el hospital, con fiebre alta. La madre fue a la Noche de la Curación para visualizar a la pequeña. Al llegar a casa, la llamaron desde el hospital para decir que ella ya estaba bien y volvería a casa al día siguiente.

Otra persona que tomaba calmantes hacía muchos años dejó de tomarlos y empezó a dormir muy bien.

Una niña que tenía parálisis en la mano consiguió ir a clase, estudiar y escribir con la mano que estaba paralizada.

Ella y su marido se curaron

«Ya he obtenido muchas gracias: he conseguido la salud de mi marido, que tenía un tumor en el pecho y estaba a la espera de que lo operaran. Pero, gracias a Dios, después de haber venido aquí y hacer sus oraciones y sus plegarias, se curó y, gracias a Dios, ya no siente dolores en el pecho. A mí también me iban a operar y, al final, no hacía falta, gracias a Dios. De nuevo, le doy las gracias a Jesús y pido que toda esa corriente sea cada vez más fuerte y más poderosa. Muchas gracias».

La curación del nieto desahuciado

«Vengo a dar las gracias por haber obtenido una gracia muy grande. Tenía un nieto que estaba muy enfermo: si lo operaban, moriría; y si no lo operaban, también moriría. Pero yo tenía fe y vine a la Noche de la Curación, y mi nieto se curó. Mi nuera vino unos dos o tres días más tarde y trajo a mi nieto, ya casi bien de estómago. Entonces, vi que había sido una fe muy grande que alcancé aquí, esa gracia en la curación de mi nieto». (Testimonio de un señor).

Dejar de beber

En la noche del 31 de Agosto de 1982, una señora dio las gracias a Dios porque su marido había dejado de beber: «Tengo un marido que bebía. Pero vine aquí, hice una visualización y lo llevé en presencia de Jesús. Vi que Jesús imponía las manos en la cabeza de mi marido. Seguí pidiendo por él, y una noche vine al Círculo de Energización y pusieron el nombre de mi marido en la lista de las personas para ser visualizadas por todo el Círculo. Quería tanto que mi marido dejase de beber y estaba viendo que él no iba a resistir por mucho tiempo, porque estaba muy enfermo. Vine sólo una vez, porque no pude venir las demás noches, y, gracias a Dios, ahora ya no bebe. Está bien, está un poco débil aún, pero espero que se recupere del todo. Tomó agua energizada, cuando antes nunca quería tomar nada. Un día, le pedí: "Toma este agua, es el agua bendita de la religión católica". Porque él es católico, va a misa, sólo que últimamente no iba porque no se encontraba bien. Entonces, mi marido me dijo, después de haber bebido el agua: "Ya no aguanto ni el olor del aguardiente". Aquí se manifestó una gran fe, es una gracia que he venido a agradecer».

Sufría de varias enfermedades

Escucha este testimonio de una señora:

«He venido hoy aquí con mucha alegría y mucha satisfacción. Me siento muy feliz por haber alcanzado tantas gracias desde que he empezado a frecuentar las Noches de la Curación. Sufría mucho del hígado. No podía comer nada, porque todo me hacía daño. Hoy, gracias a Dios, ya puedo comer un poco de todo, ya no me sienta mal. Además, sufría también de sabañones en los dedos y en los pies. Hace quince años que tenía sabañones. No podía usar calzado cerrado y sufría mucho; tenía tantos dolores que ya ni sentía los pies, que estaban llenos de heridas. No podía venir más a Santa María con tantos dolores. Empecé a frecuentar las Noches de la Curación, visualicé mis dedos de los pies y, gracias a Dios, ahora están perfectos. Ya uso calzado cerrado, me siento bien y feliz de la vida.

También sufría de los riñones, tenía dolores en la espalda y en las piernas, tenía siempre fiebre. Ningún remedio servía, lo intenté todo, pero era cada vez peor. Vine aquí en la Noche de la Curación con mucha fe y me curé, gracias a Dios, y nunca más tuve dolores en los riñones. Ahora hago de todo y uso zapatos de tacón, cuando antes casi me moría de dolor. Me siento siempre bien.

Quiero contaros otro hecho de gracia: mis hijos sufrían mucho de asma. Gracias a Dios, los pude traer tres veces a la Noche de la Curación y, después, ellos se quedaron en casa con su padre, y yo venía sola y los llevaba en la mente. Después decía: "Jesús, instruye a mis hijos, para que nunca más sufran de asma." Pasaba las noches sin dormir, en vela, preocupada por ellos. Cuando uno no tenía asma, era el otro. Gracias a Dios, gracias a Jesús, gozan ahora de perfecta salud y están muy felices. Nunca más sufrieron de asma. Muchas gracias».

Un señor se había quedado casi ciego. En la Noche de la Curación, su vista mejoró y con el tiempo recuperó la vista del todo.

Otra persona sufría mucho de los intestinos, con una grave presión en el vientre. Se curó.

Hay una lista infinita de testimonios de personas que se curaron de dolores de cabeza, punzadas, taquicardia, tensión alta, dolor de espalda, reumatismo, problemas de los riñones, de la vejiga, de depresión, tristeza, insomnio, y así sucesivamente.

Varias personas se liberaron del vicio de la bebida. Algunos de ellos habían sido incluso alcohólicos inveterados.

Durante un tiempo, antes de ministrar los cursos en la ciudad de Belo Horizonte, impartía las Noches de la Curación. Hubo muchos testimonios maravillosos.

Me acuerdo del caso de un muchacho que estuvo en una Noche de la Curación en la que participaban cerca de cuatro mil personas, en el antiguo auditorio de la Secretaria de la Salud, para hacer un ejercicio de relajamiento. El muchacho estaba tumbado en el suelo del escenario, a mi lado. Se había caído de un muro, hacía unos meses, y un golpe en la cabeza, al estrellarse contra una piedra, le había causado una herida grave en el cráneo. Tras un intenso tratamiento médico, el problema quedó resuelto, pero le dejó un terrible dolor de cabeza que nada podía aliviar.

Esa noche, durante el relajamiento, el muchacho se durmió, y cuando se despertó, ya no tenía dolores de cabeza y se sentía muy feliz.

En otra ocasión, mientras que yo hablaba a la multitud, me trajeron al escenario a una señora desesperada, que se había intentado suicidar esa noche. La invité a asistir primero a la sesión, tranquilamente, para después hablar. Me vino a buscar más tarde, completamente relajada, feliz y agradecida.

En otra Noche de la Curación, vino un chico al que habían invitado sus amigos, pero que había declinado la invitación y se había burlado de ellos por creerse «esas bobadas».

Al salir de casa de los amigos con su moto, sin saber cómo ni por qué, fue a parar al auditorio donde se iba a realizar la Noche de la Curación. Entró y se quedó escuchando, muy incrédulo, al principio, rebatiéndolo todo para sí. Pero, a medida que los minutos iban pasando, empezó a interesarse por el tema y a pensar que no era tan absurdo. Prestó atención, hizo el relajamiento con la visualización de las afirmaciones positivas y al final de la sesión ya era otro joven, muy animado, feliz y positivo. En su testimonio, que duró una hora, en la casa de la coordinadora, contaba entusiasmado por cómo había ocurrido esa maravillosa transformación interior. Era otra persona.

Tuvieron lugar muchas otras curaciones. He recibido testimonios increíbles. Tal vez, el lector tenga dudas de su veracidad. No importa. Puesto que dispone de un espíritu crítico y un pensamiento autónomo, seguramente elaborará su propia experiencia. Es así como actúan las personas inteligentes y maduras. Tú tienes la clave.

Programa de curación

La ampliación del itinerario de viajes por América del Sur y Europa limitó mi tiempo disponible en Santa María. Por eso, a partir del año 2000, se dejaron de realizar las sesiones de curación en el Teatro de Santa María. Para remediar ese hueco, grabé un CD con el título *Programa de curación*. Con un fondo musical apropiado, incluye un ejercicio de relajamiento, una visualización de la paz para liberarse de angustias y depresiones; visualizaciones para obtener la salud física, conectarse con Dios, activar el Poder Curativo Infinito y para la curación en el nombre de Jesús.

Ahora haz tu vida

La clave está contigo. Eres libre tanto de tirarla como de usarla en tu beneficio. La elección es tuya. Como dice un proverbio chino: «Los maestros pueden abrir la puerta, pero sólo tú puedes entrar».

Este libro se escribió desde el sincero deseo de abrirte la puerta y de transmitirte la firme certeza de que el poder de la fe revelado por Jesús no es un privilegio de personas especiales, sino que pertenece a todos, incluyéndote a ti.

El CD mencionado arriba te ayudará a entrar en la dimensión de tu espíritu, para que la Presencia Divina efectúe la curación.

Catherine Ponder, en su libro *A Oração: chave de todas as riquezas* [La Oración: clave de todas las riquezas], escribió: «Se calcula que un ochenta por ciento de todas las enfermedades tienen su origen en emociones reprimidas. Vemos ejemplos de eso a cada momento: dolores de cabeza, congestión y muchos problemas cotidianos que aparecen después de un conflicto emocional. La conciencia crística es muy poderosa a la hora de curar, porque lo primero que hace es proporcionar paz de espíritu. Esta paz de espíritu cura las penas, los temores, los resentimientos, los celos y otros conflictos emocionales que simplemente se desvanecen ante la pura conciencia crística».

Nunca desistas de la curación. Tú puedes. El milagro no es el tribunal de la ley universal, más bien la manera prodigiosa en la que ella acontece.

Recuerda que el sufrimiento no es un destino, pero sí una consecuencia. Líbrate de él.

Disfruta la vida como un hijo del Creador, alegre, feliz y sano en este paraíso terrestre.

Olvida el pasado. Perdónalo. Y vive este día como un regalo del Infinito.

La vida es una fiesta, pase lo que pase.

Lleva la clave del secreto contigo y las puertas de la vida se abrirán de par en par.

Besos en el corazón.

Índice